VOCABULARIO TAILANDÉS
palabras más usadas

I0176449

Los vocabularios de T&P Books buscan ayudar al aprendiz a aprender, memorizar y repasar palabras de idiomas extranjeros. Los vocabularios contienen más de 3000 palabras comúnmente usadas y organizadas de manera temática.

- El vocabulario contiene las palabras corrientes más usadas.
- Se recomienda como ayuda adicional a cualquier curso de idiomas.
- Capta las necesidades de aprendices de nivel principiante y avanzado.
- Es conveniente para uso cotidiano, prácticas de revisión y actividades de auto-evaluación.
- Facilita la evaluación del vocabulario.

Aspectos claves del vocabulario

- Las palabras se organizan según el significado, no según el orden alfabético.
- Las palabras se presentan en tres columnas para facilitar los procesos de repaso y auto-evaluación.
- Los grupos de palabras se dividen en pequeñas secciones para facilitar el proceso de aprendizaje.
- El vocabulario ofrece una transcripción sencilla y conveniente de cada palabra extranjera.

El vocabulario contiene 101 temas que incluyen lo siguiente:

Conceptos básicos, números, colores, meses, estaciones, unidades de medidas, ropa y accesorios, comida y nutrición, restaurantes, familia nuclear, familia extendida, características de personalidad, sentimientos, emociones, enfermedades, la ciudad y el pueblo, exploración del paisaje, compras, finanzas, la casa, el hogar, la oficina, el trabajo en oficina, importación y exportación, promociones, búsqueda de trabajo, deportes, educación, computación, la red, herramientas, la naturaleza, los países, las nacionalidades y más ...

TABLA DE CONTENIDO

GUÍA DE PRONUNCIACIÓN

T&P alfabeto fonético	Ejemplo tailandés	Ejemplo español

Las vocales

[a]	ห้า [hâ:] – hâa	radio
[e]	เป็นลม [pen lom] – bpen lom	verano
[i]	วินัย [wí? naj] – wí–nai	ilegal
[o]	โกน [ko:n] – gohn	bordado
[u]	ขุ่นเคือง [kʰùn kʰɯːaŋ] – khùn kheuang	mundo
[aa]	ราคา [ra: kʰa:] – raa–khaa	contraataque
[oo]	ภูมิใจ [pʰu:m tɕaj] – phoom jai	jugador
[ee]	บัญชี [ban tɕʰi:] – ban–chee	destino
[eu]	เดือน [dɯ:an] – deuan	Largo sonido [ə]
[er]	เงิน [ŋɤn] – ngern	Vocal semicerrada posterior no redondeada
[ae]	แปล [plɛ:] – bplae	cuarenta
[ay]	เลข [lê:k] – lâyk	sexto
[ai]	ไปป์ [paj] – bpai	paisaje
[oi]	โพย [pʰo:j] – phoi	boina
[ya]	สัญญา [sǎn ja:] – sǎn–yaa	araña
[oie]	อบเชย [ʔòp tɕʰɤ:j] – òp–choie	Combinación [ə:i]
[ieo]	หน้าเชียว [nâ: si:aw] – nâa sieow	ecología

Consonantes iniciales

[b]	บาง [ba:ŋ] – baang	en barco
[d]	สีแดง [sǐ: dɛːŋ] – sěe daeng	desierto
[f]	มันฝรั่ง [man fà ràŋ] – man fà–ràng	golf
[h]	เฮลซิงกิ [he:n siŋ kì?] – hayn–sing–gì	registro
[y]	ยี่สิบ [jîː sìp] – yêe sip	asiento
[g]	กรง [kroŋ] – grorng	jugada
[kh]	เลขา [le: kʰǎ:] – lay–khǎa	[k] aspirada
[l]	เล็ก [lék] – lék	lira
[m]	เมลอน [me: lɔ:n] – may–lorn	nombre
[n]	หนัง [nǎŋ] – nǎng	número
[ng]	เงือก [ŋɯːak] – ngêuak	manga
[bp]	เป็น [pen] – bpen	precio
[ph]	เผา [pʰǎw] – phào	[p] aspirada
[r]	เบอร์รี่ [bɤː rîː] – ber–rêe	era, alfombra
[s]	ซ่อน [sôn] – sôrn	salva
[dt]	ดนตรี [don tri:] – don–dtree	torre
[j]	ปั่นจั่น [pân tɕàn] – bpân jàn	archivo

T&P alfabeto fonético	Ejemplo tailandés	Ejemplo español
[ch]	วิชา [wíʔ tɕʰaː] – wí–chaa	[tsch] aspirado
[th]	แถว [tʰɛːw] – thǎe	[t] aspirada
[w]	เดี๋ยว [kʰǐːaw] – khieow	acuerdo

Consonantes finales

[k]	แม่เหล็ก [mɛː lèk] – mâe lèk	charco
[m]	เพิ่ม [pʰɤːm] – phêrm	nombre
[n]	เนียน [niːan] – nian	número
[ng]	เป็นห่วง [pen hùːaŋ] – bpen hùang	manga
[p]	ไม่ขยับ [mâj kʰà ja p] – mâi khà–yàp	precio
[t]	ลูกเป็ด [lûːk pèt] – lôok bpèt	torre

Comentarios

Tono medio - [ā] การดูลน [gaan khon]
Tono bajo - [à] แจกจ่าย [jàek jàai]
Tono descendente - [â] แต่ม [dtâem]
Tono alto - [á] แซ็กโซโฟน [sáek-soh-fohn]
Tono ascendente - [ǎ] เนินเขา [nern khǎo]

ABREVIATURAS
usadas en el vocabulario

Abreviatura en español

adj	-	adjetivo
adv	-	adverbio
anim.	-	animado
conj	-	conjunción
etc.	-	etcétera
f	-	sustantivo femenino
f pl	-	femenino plural
fam.	-	uso familiar
fem.	-	femenino
form.	-	uso formal
inanim.	-	inanimado
innum.	-	innumerable
m	-	sustantivo masculino
m pl	-	masculino plural
m, f	-	masculino, femenino
masc.	-	masculino
mat	-	matemáticas
mil.	-	militar
num.	-	numerable
p.ej.	-	por ejemplo
pl	-	plural
pron	-	pronombre
sg	-	singular
v aux	-	verbo auxiliar
vi	-	verbo intransitivo
vi, vt	-	verbo intransitivo, verbo transitivo
vr	-	verbo reflexivo
vt	-	verbo transitivo

CONCEPTOS BÁSICOS

1. Los pronombres

tú	คุณ	khun
él	เขา	khảo
ella	เธอ	ther
ello	มัน	man
nosotros, -as	เรา	rao
vosotros, -as	คุณทั้งหลาย	khun tháng lăai
Usted	คุณ	khun
Ustedes	คุณทั้งหลาย	khun tháng lăai
ellos	เขา	khảo
ellas	เธอ	ther

2. Saludos. Salutaciones

¡Hola! (fam.)	สวัสดี!	sà-wàt-dee
¡Hola! (form.)	สวัสดี ครับ/ค่ะ!	sà-wàt-dee khráp/khâ
¡Buenos días!	อรุณสวัสดี!	a-run sà-wàt
¡Buenas tardes!	สวัสดีตอนบ่าย	sà-wàt-dee dtorn-bàai
¡Buenas noches!	สวัสดีตอนค่ำ	sà-wàt-dee dtorn-khâm
decir hola	ทักทาย	thák thaai
¡Hola! (a un amigo)	สวัสดี!	sà-wàt-dee
saludo (m)	คำทักทาย	kham thák thaai
saludar (vt)	ทักทาย	thák thaai
¿Cómo estáis?	คุณสบายดีไหม?	khun sà-baai dee măi
¿Cómo estás?	สบายดีไหม?	sà-baai dee măi
¿Qué hay de nuevo?	มีอะไรใหม?	mee à-rai mài
¡Hasta la vista! (form.)	ลาก่อน!	laa gòrn
¡Hasta la vista! (fam.)	บาย!	baai
¡Hasta pronto!	พบกันใหม่	phóp gan mài
¡Adiós! (fam.)	ลาก่อน!	laa gòrn
¡Adiós! (form.)	สวัสดี!	sà-wàt-dee
despedirse (vr)	บอกลา	bòrk laa
¡Hasta luego!	ลาก่อน!	laa gòrn
¡Gracias!	ขอบคุณ!	khòrp khun
¡Muchas gracias!	ขอบคุณมาก!	khòrp khun mâak
De nada	ยินดีช่วย	yin dee chûay
No hay de qué	ไม่เป็นไร	mâi bpen rai
De nada	ไม่เป็นไร	mâi bpen rai
¡Disculpa!	ขอโทษที!	khǒr thôht thee
¡Disculpe!	ขอโทษ ครับ/ค่ะ!	khǒr thôht khráp / khâ

disculpar (vt)	ให้อภัย	hâi a-phai
disculparse (vr)	ขอโทษ	khŏr thôht
Mis disculpas	ขอโทษ	khŏr thôht
¡Perdóneme!	ขอโทษ!	khŏr thôht
perdonar (vt)	อภัย	a-phai
¡No pasa nada!	ไม่เป็นไร!	mâi bpen rai
por favor	โปรด	bpròht
¡No se le olvide!	อย่าลืม!	yàa leum
¡Ciertamente!	แน่นอน!	nâe norn
¡Claro que no!	ไม่ใช่แน่!	mâi châi nâe
¡De acuerdo!	โอเค!	oh-khay
¡Basta!	พอแล้ว	phor láew

3. Las preguntas

¿Quién?	ใคร?	khrai
¿Qué?	อะไร?	a-rai
¿Dónde?	ที่ไหน?	thêe nǎi
¿Adónde?	ที่ไหน?	thêe nǎi
¿De dónde?	จากที่ไหน?	jàak thêe nǎi
¿Cuándo?	เมื่อไหร่?	mêua rài
¿Para qué?	ทำไม?	tham-mai
¿Por qué?	ทำไม?	tham-mai
¿Por qué razón?	เพื่ออะไร?	phêua a-rai
¿Cómo?	อย่างไร?	yàang rai
¿Qué ...? (~ color)	อะไร?	a-rai
¿Cuál?	ไหน?	nǎi
¿A quién?	สำหรับใคร?	sǎm-ràp khrai
¿De quién? (~ hablan ...)	เกี่ยวกับใคร?	gìeow gàp khrai
¿De qué?	เกี่ยวกับอะไร?	gìeow gàp a-rai
¿Con quién?	กับใคร?	gàp khrai
¿Cuánto? (innum.)	เท่าไหร่?	thâo rài
¿Cuánto? (num.)	กี่...?	gèe...?
¿De quién? (~ es este ...)	ของใคร?	khŏrng khrai

4. Las preposiciones

con ... (~ algn)	กับ	gàp
sin ... (~ azúcar)	ปราศจาก	bpràat-sà-jàak
a ... (p.ej. voy a México)	ไปที่	bpai thêe
de ... (hablar ~)	เกี่ยวกับ	gìeow gàp
antes de ...	ก่อน	gòrn
delante de ...	หน้า	nâa
debajo de ...	ใต้	dtâi
sobre ..., encima de ...	เหนือ	něua
en, sobre (~ la mesa)	บน	bon
de (origen)	จาก	jàak

de (fabricado de)	ทำใช้	tham chái
dentro de ...	ใน	nai
encima de ...	ข้าม	khâam

5. Las palabras útiles. Los adverbios. Unidad 1

¿Dónde?	ที่ไหน?	thêe nǎi
aquí (adv)	ที่นี่	thêe nêe
allí (adv)	ที่นั่น	thêe nân

| en alguna parte | ที่ใดที่หนึ่ง | thêe dai thêe nèung |
| en ninguna parte | ไม่มีที่ไหน | mâi mee thêe nǎi |

| junto a ... | ข้าง | khâang |
| junto a la ventana | ข้างหน้าต่าง | khâang nâa dtàang |

¿A dónde?	ที่ไหน?	thêe nǎi
aquí (venga ~)	ที่นี่	thêe nêe
allí (vendré ~)	ที่นั่น	thêe nân
de aquí (adv)	จากที่นี่	jàak thêe nêe
de allí (adv)	จากที่นั่น	jàak thêe nân

| cerca (no lejos) | ใกล้ | glâi |
| lejos (adv) | ไกล | glai |

cerca de ...	ใกล้	glâi
al lado (de ...)	ใกล้ๆ	glâi glâi
no lejos (adv)	ไม่ไกล	mâi glai

izquierdo (adj)	ซ้าย	sáai
a la izquierda (situado ~)	ข้างซ้าย	khâang sáai
a la izquierda (girar ~)	ซ้าย	sáai

derecho (adj)	ขวา	khwǎa
a la derecha (situado ~)	ข้างขวา	khâang kwǎa
a la derecha (girar)	ขวา	khwǎa

delante (yo voy ~)	ข้างหน้า	khâang nâa
delantero (adj)	หน้า	nâa
adelante (movimiento)	หน้า	nâa

detrás de ...	ข้างหลัง	khâang lǎng
desde atrás	จากข้างหลัง	jàak khâang lǎng
atrás (da un paso ~)	หลัง	lǎng

| centro (m), medio (m) | กลาง | glaang |
| en medio (adv) | ตรงกลาง | dtrorng glaang |

de lado (adv)	ข้าง	khâang
en todas partes	ทุกที่	thúk thêe
alrededor (adv)	รอบ	rôrp

| de dentro (adv) | จากข้างใน | jàak khâang nai |
| a alguna parte | ที่ไหน | thêe nǎi |

todo derecho (adv)	ตรงไป	dtrorng bpai
atrás (muévelo para ~)	กลับ	glàp
de alguna parte (adv)	จากที่ใด	jàak thêe dai
no se sabe de dónde	จากที่ใด	jàak thêe dai
primero (adv)	ข้อที่หนึ่ง	khôr thêe nèung
segundo (adv)	ขอที่สอง	khôr thêe sŏrng
tercero (adv)	ขอที่สาม	khôr thêe săam
de súbito (adv)	ในทันที	nai than thee
al principio (adv)	ตอนแรก	dtorn-râek
por primera vez	เป็นครั้งแรก	bpen khráng râek
mucho tiempo antes …	นานก่อน	naan gòrn
de nuevo (adv)	ใหม่	mài
para siempre (adv)	ใหจบสิ้น	hâi jòp sîn
jamás, nunca (adv)	ไม่เคย	mâi khoie
de nuevo (adv)	อีกครั้งหนึ่ง	èek khráng nèung
ahora (adv)	ตอนนี้	dtorn-née
frecuentemente (adv)	บอย	bòi
entonces (adv)	เวลานั้น	way-laa nán
urgentemente (adv)	อยางเรงดวน	yàang râyng dùan
usualmente (adv)	มักจะ	mák jà
a propósito, …	อนึ่ง	à-nèung
es probable	เป็นไปได้	bpen bpai dâai
probablemente (adv)	อาจจะ	àat jà
tal vez	อาจจะ	àat jà
además …	นอกจากนั้น…	nôrk jàak nán…
por eso …	นั้นเป็นเหตุผลที่…	nân bpen hàyt phŏn thêe…
a pesar de …	แม้ว่า…	máe wâa…
gracias a …	เนื่องจาก…	nêuang jàak…
qué (pron)	อะไร	a-rai
que (conj)	ที่	thêe
algo (~ le ha pasado)	อะไร	a-rai
algo (~ así)	อะไรก็ตาม	a-rai gôr dtaam
nada (f)	ไมมีอะไร	mâi mee a-rai
quien	ใคร	khrai
alguien (viene ~)	บางคน	baang khon
alguien (¿ha llamado ~?)	บางคน	baang khon
nadie	ไม่มีใคร	mâi mee khrai
a ninguna parte	ไมไปไหน	mâi bpai năi
de nadie	ไม่เป็นของ ของใคร	mâi bpen khŏrng khŏrng khrai
de alguien	ของคนหนึ่ง	khŏrng khon nèung
tan, tanto (adv)	มาก	mâak
también (~ habla francés)	ดวย	dûay
también (p.ej. Yo ~)	ดวย	dûay

6. Las palabras útiles. Los adverbios. Unidad 2

¿Por qué?	ทำไม?	tham-mai
no se sabe porqué	เพราะเหตุผลอะไร	phrór hàyt phǒn à-rai
porque ...	เพราะว่า...	phrór wâa
por cualquier razón (adv)	ด้วยจุดประสงค์อะไร	dûay jùt bprà-sǒng a-rai

y (p.ej. uno y medio)	และ	láe
o (p.ej. té o café)	หรือ	rěu
pero (p.ej. me gusta, ~)	แต่	dtàe
para (p.ej. es para ti)	สำหรับ	sǎm-ràp

demasiado (adv)	เกินไป	gern bpai
sólo, solamente (adv)	เท่านั้น	thâo nán
exactamente (adv)	ตรง	dtrorng
unos ...,	ประมาณ	bprà-maan
cerca de ... (~ 10 kg)		

aproximadamente	ประมาณ	bprà-maan
aproximado (adj)	ประมาณ	bprà-maan
casi (adv)	เกือบ	gèuap
resto (m)	ที่เหลือ	thêe lěua

el otro (adj)	อีก	èek
otro (p.ej. el otro día)	อื่น	èun
cada (adj)	ทุก	thúk
cualquier (adj)	ใดๆ	dai dai
mucho (innum.)	มาก	mâak
mucho (num.)	หลาย	lǎi
muchos (mucha gente)	หลายคน	lǎi khon
todos	ทุกๆ	thúk thúk

a cambio de ...	ที่จะเปลี่ยนเป็น	thêe jà bplìan bpen
en cambio (adv)	แทน	thaen
a mano (hecho ~)	ใช้มือ	chái meu
poco probable	แทบจะไม่	thâep jà mâi

probablemente	อาจจะ	àat jà
a propósito (adv)	โดยเจตนา	doi jàyt-dtà-naa
por accidente (adv)	บังเอิญ	bang-ern

muy (adv)	มาก	mâak
por ejemplo (adv)	ยกตัวอย่าง	yók dtua yàang
entre (~ nosotros)	ระหว่าง	rá-wàang
entre (~ otras cosas)	ท่ามกลาง	tâam-glaang
tanto (~ gente)	มากมาย	mâak maai
especialmente (adv)	โดยเฉพาะ	doi chà-phór

NÚMEROS. MISCELÁNEA

7. Números cardinales. Unidad 1

cero	ศูนย์	sǒon
uno	หนึ่ง	nèung
dos	สอง	sǒrng
tres	สาม	sǎam
cuatro	สี่	sèe

cinco	ห้า	hâa
seis	หก	hòk
siete	เจ็ด	jèt
ocho	แปด	bpàet
nueve	เกา	gâo

diez	สิบ	sìp
once	สิบเอ็ด	sìp èt
doce	สิบสอง	sìp sǒrng
trece	สิบสาม	sìp sǎam
catorce	สิบสี่	sìp sèe

quince	สิบห้า	sìp hâa
dieciséis	สิบหก	sìp hòk
diecisiete	สิบเจ็ด	sìp jèt
dieciocho	สิบแปด	sìp bpàet
diecinueve	สิบเกา	sìp gâo

veinte	ยี่สิบ	yêe sìp
veintiuno	ยี่สิบเอ็ด	yêe sìp èt
veintidós	ยี่สิบสอง	yêe sìp sǒrng
veintitrés	ยี่สิบสาม	yêe sìp sǎam

treinta	สามสิบ	sǎam sìp
treinta y uno	สามสิบเอ็ด	sǎam-sìp-èt
treinta y dos	สามสิบสอง	sǎam-sìp-sǒrng
treinta y tres	สามสิบสาม	sǎam-sìp-sǎam

cuarenta	สี่สิบ	sèe sìp
cuarenta y uno	สี่สิบเอ็ด	sèe-sìp-èt
cuarenta y dos	สี่สิบสอง	sèe-sìp-sǒrng
cuarenta y tres	สี่สิบสาม	sèe-sìp-sǎam

cincuenta	ห้าสิบ	hâa sìp
cincuenta y uno	ห้าสิบเอ็ด	hâa-sìp-èt
cincuenta y dos	ห้าสิบสอง	hâa-sìp-sǒrng
cincuenta y tres	หาสิบสาม	hâa-sìp-sǎam

| sesenta | หกสิบ | hòk sìp |
| sesenta y uno | หกสิบเอ็ด | hòk-sìp-èt |

sesenta y dos	หกสิบสอง	hòk-sìp-sŏrng
sesenta y tres	หกสิบสาม	hòk-sìp-săam
setenta	เจ็ดสิบ	jèt sìp
setenta y uno	เจ็ดสิบเอ็ด	jèt-sìp-èt
setenta y dos	เจ็ดสิบสอง	jèt-sìp-sŏrng
setenta y tres	เจ็ดสิบสาม	jèt-sìp-săam
ochenta	แปดสิบ	bpàet sìp
ochenta y uno	แปดสิบเอ็ด	bpàet-sìp-èt
ochenta y dos	แปดสิบสอง	bpàet-sìp-sŏrng
ochenta y tres	แปดสิบสาม	bpàet-sìp-săam
noventa	เก้าสิบ	gâo sìp
noventa y uno	เก้าสิบเอ็ด	gâo-sìp-èt
noventa y dos	เก้าสิบสอง	gâo-sìp-sŏrng
noventa y tres	เกาสิบสาม	gâo-sìp-săam

8. Números cardinales. Unidad 2

cien	หนึ่งร้อย	nèung rói
doscientos	สองร้อย	sŏrng rói
trescientos	สามร้อย	săam rói
cuatrocientos	สี่ร้อย	sèe rói
quinientos	หาร้อย	hâa rói
seiscientos	หกร้อย	hòk rói
setecientos	เจ็ดร้อย	jèt rói
ochocientos	แปดร้อย	bpàet rói
novecientos	เการ้อย	gâo rói
mil	หนึ่งพัน	nèung phan
dos mil	สองพัน	sŏrng phan
tres mil	สามพัน	săam phan
diez mil	หนึ่งหมื่น	nèung mèun
cien mil	หนึ่งแสน	nèung săen
millón (m)	ลาน	láan
mil millones	พันลาน	phan láan

9. Números ordinales

primero (adj)	แรก	râek
segundo (adj)	ที่สอง	thêe sŏrng
tercero (adj)	ที่สาม	thêe săam
cuarto (adj)	ที่สี่	thêe sèe
quinto (adj)	ที่หา	thêe hâa
sexto (adj)	ที่หก	thêe hòk
séptimo (adj)	ที่เจ็ด	thêe jèt
octavo (adj)	ที่แปด	thêe bpàet
noveno (adj)	ที่เกา	thêe gâo
décimo (adj)	ที่สิบ	thêe sìp

LOS COLORES. LAS UNIDADES DE MEDIDA

10. Los colores

color (m)	สี	sěe
matiz (m)	สีออน	sěe òrn
tono (m)	สีสัน	sěe săn
arco (m) iris	สายรุ้ง	săai rúng
blanco (adj)	สีขาว	sěe khǎao
negro (adj)	สีดำ	sěe dam
gris (adj)	สีเทา	sěe thao
verde (adj)	สีเขียว	sěe khǐeow
amarillo (adj)	สีเหลือง	sěe lěuang
rojo (adj)	สีแดง	sěe daeng
azul (adj)	สีน้ำเงิน	sěe nám ngern
azul claro (adj)	สีฟ้า	sěe fáa
rosa (adj)	สีชมพู	sěe chom-poo
naranja (adj)	สีส้ม	sěe sôm
violeta (adj)	สีม่วง	sěe mûang
marrón (adj)	สีน้ำตาล	sěe nám dtaan
dorado (adj)	สีทอง	sěe thorng
argentado (adj)	สีเงิน	sěe ngern
beige (adj)	สีน้ำตาลอ่อน	sěe nám dtaan òrn
crema (adj)	สีครีม	sěe khreem
turquesa (adj)	สีเขียวแกม น้ำเงิน	sěe khǐeow gaem náam ngern
rojo cereza (adj)	สีแดงเชอร์รี่	sěe daeng cher-rêe
lila (adj)	สีม่วงอ่อน	sěe mûang-òrn
carmesí (adj)	สีแดงเข้ม	sěe daeng khâym
claro (adj)	อ่อน	òrn
oscuro (adj)	แก่	gàe
vivo (adj)	สด	sòt
de color (lápiz ~)	สี	sěe
en colores (película ~)	สี	sěe
blanco y negro (adj)	ขาวดำ	khǎao-dam
unicolor (adj)	สีเดียว	sěe dieow
multicolor (adj)	หลากสี	làak sěe

11. Las unidades de medida

peso (m)	น้ำหนัก	nám nàk
longitud (f)	ความยาว	khwaam yaao

anchura (f)	ความกว้าง	khwaam gwâang
altura (f)	ความสูง	khwaam sŏong
profundidad (f)	ความลึก	khwaam léuk
volumen (m)	ปริมาณ	bpà-rí-maan
área (f)	บริเวณ	bor-rí-wayn
gramo (m)	กรัม	gram
miligramo (m)	มิลลิกรัม	min-lí gram
kilogramo (m)	กิโลกรัม	gì-loh gram
tonelada (f)	ตัน	dtan
libra (f)	ปอนด์	bporn
onza (f)	ออนซ์	orn
metro (m)	เมตร	máyt
milímetro (m)	มิลลิเมตร	min-lí mâyt
centímetro (m)	เซ็นติเมตร	sen dtì mâyt
kilómetro (m)	กิโลเมตร	gì-loh máyt
milla (f)	ไมล์	mai
pulgada (f)	นิ้ว	níw
pie (m)	ฟุต	fút
yarda (f)	หลา	lăa
metro (m) cuadrado	ตารางเมตร	dtaa-raang máyt
hectárea (f)	เฮกตาร์	hêek dtaa
litro (m)	ลิตร	lít
grado (m)	องศา	ong-săa
voltio (m)	โวลต์	wohn
amperio (m)	แอมแปร์	aem-bpae
caballo (m) de fuerza	แรงม้า	raeng máa
cantidad (f)	จำนวน	jam-nuan
un poco de ...	นิดหน่อย	nít nói
mitad (f)	ครึ่ง	khrêung
docena (f)	โหล	lŏh
pieza (f)	ส่วน	sùan
dimensión (f)	ขนาด	khà-nàat
escala (f) (del mapa)	มาตราส่วน	mâat-dtraa sùan
mínimo (adj)	น้อยที่สุด	nói thêe sùt
el más pequeño (adj)	เล็กที่สุด	lék thêe sùt
medio (adj)	กลาง	glaang
máximo (adj)	สูงสุด	sŏong sùt
el más grande (adj)	ใหญ่ที่สุด	yài têe sùt

12. Contenedores

tarro (m) de vidrio	ขวดโหล	khùat lŏh
lata (f) de hojalata	กระป๋อง	grà-bpŏrng
cubo (m)	ถัง	thăng
barril (m)	ถัง	thăng
palangana (f)	กะทะ	gà-thá

tanque (m)	ถังเก็บน้ำ	thǎng gèp nám
petaca (f) (de alcohol)	กระติกน้ำ	grà-dtìk nám
bidón (m) de gasolina	ภาชนะ	phaa-chá-ná
cisterna (f)	ถังบรรจุ	thǎng ban-jù
taza (f) (mug de cerámica)	แก้ว	gâew
taza (f) (~ de café)	ถวย	thûay
platillo (m)	จานรอง	jaan rorng
vaso (m) (~ de agua)	แกว	gâew
copa (f) (~ de vino)	แกวไวน์	gâew wai
olla (f)	หมอ	môr
botella (f)	ขวด	khùat
cuello (m) de botella	ปาก	bpàak
garrafa (f)	คนโท	khon-thoh
jarro (m) (~ de agua)	เหยือก	yèuak
recipiente (m)	ภาชนะ	phaa-chá-ná
tarro (m)	หมอ	môr
florero (m)	แจกัน	jae-gan
frasco (m) (~ de perfume)	กระติก	grà-dtìk
frasquito (m)	ขวดเล็ก	khùat lék
tubo (m)	หลอด	lòrt
saco (m) (~ de azúcar)	ถุง	thǔng
bolsa (f) (~ plástica)	ถุง	thǔng
paquete (m) (~ de cigarrillos)	ซอง	sorng
caja (f)	กล่อง	glòrng
cajón (m) (~ de madera)	ลัง	lang
cesta (f)	ตะกรา	dtà-grâa

LOS VERBOS MÁS IMPORTANTES

13. Los verbos más importantes. Unidad 1

abrir (vt)	เปิด	bpèrt
acabar, terminar (vt)	จบ	jòp
aconsejar (vt)	แนะนำ	náe nam
adivinar (vt)	คาดเดา	khâat dao
advertir (vt)	เตือน	dteuan
alabarse, jactarse (vr)	โอ้อวด	ôh ùat
almorzar (vi)	ทานอาหารเที่ยง	thaan aa-hǎan thîang
alquilar (~ una casa)	เช่า	châo
amenazar (vt)	ขู่	khòo
arrepentirse (vr)	เสียใจ	sǐa jai
ayudar (vt)	ช่วย	chûay
bañarse (vr)	ไปว่ายน้ำ	bpai wâai náam
bromear (vi)	ล้อเล่น	lór lên
buscar (vt)	หา	hǎa
caer (vi)	ตก	dtòk
callarse (vr)	นิ่งเงียบ	nîng ngîap
cambiar (vt)	เปลี่ยน	bplìan
castigar, punir (vt)	ลงโทษ	long thôht
cavar (vt)	ขุด	khùt
cazar (vi, vt)	ล่า	lâa
cenar (vi)	ทานอาหารเย็น	thaan aa-hǎan yen
cesar (vt)	หยุด	yùt
coger (vt)	จับ	jàp
comenzar (vt)	เริ่ม	rêrm
comparar (vt)	เปรียบเทียบ	bprìap thîap
comprender (vt)	เข้าใจ	khâo jai
confiar (vt)	เชื่อ	chêua
confundir (vt)	สับสน	sàp sǒn
conocer (~ a alguien)	รู้จัก	róo jàk
contar (vt) (enumerar)	นับ	náp
contar con ...	พึ่งพา	phêung phaa
continuar (vt)	ทำต่อไป	tham dtòr bpai
controlar (vt)	ควบคุม	khûap khum
correr (vi)	วิ่ง	wîng
costar (vt)	ราคา	raa-khaa
crear (vt)	สร้าง	sâang

14. Los verbos más importantes. Unidad 2

dar (vt)	ให้	hâi
dar una pista	บอกใบ้	bòrk bâi

| decir (vt) | บอก | bòrk |
| decorar (para la fiesta) | ประดับ | bprà-dàp |

defender (vt)	ปกป้อง	bpòk bpôrng
dejar caer	ทิ้งให้ตก	thíng hâi dtòk
desayunar (vi)	ทานอาหารเช้า	thaan aa-hăan cháo
descender (vi)	ลง	long

dirigir (administrar)	บริหาร	bor-rí-hăan
disculpar (vt)	ให้อภัย	hâi a-phai
disculparse (vr)	ขอโทษ	khŏr thôht
discutir (vt)	หารือ	hăa-reu
dudar (vt)	สงสัย	sŏng-săi

encontrar (hallar)	พบ	phóp
engañar (vi, vt)	หลอก	lòrk
entrar (vi)	เข้า	khâo
enviar (vt)	ส่ง	sòng

equivocarse (vr)	ทำผิด	tham phìt
escoger (vt)	เลือก	lêuak
esconder (vt)	ซ่อน	sôrn
escribir (vt)	เขียน	khĭan
esperar (aguardar)	รอ	ror
esperar (tener esperanza)	หวัง	wăng
estar de acuerdo	เห็นด้วย	hĕn dûay
estudiar (vt)	เรียน	rian

exigir (vt)	เรียกร้อง	rîak rórng
existir (vi)	มีอยู่	mee yòo
explicar (vt)	อธิบาย	à-thí-baai
faltar (a las clases)	พลาด	phlâat
firmar (~ el contrato)	ลงนาม	long naam

girar (~ a la izquierda)	เลี้ยว	líeow
gritar (vi)	ตะโกน	dtà-gohn
guardar (conservar)	รักษา	rák-săa
gustar (vi)	ชอบ	chôrp
hablar (vi, vt)	พูด	phôot

hacer (vt)	ทำ	tham
informar (vt)	แจง	jâeng
insistir (vi)	ยืนยัน	yeun yan
insultar (vt)	ดูถูก	doo thòok

interesarse (vr)	สนใจใน	sŏn jai nai
invitar (vt)	เชิญ	chern
ir (a pie)	ไป	bpai
jugar (divertirse)	เล่น	lên

15. Los verbos más importantes. Unidad 3

| leer (vi, vt) | อ่าน | àan |
| liberar (ciudad, etc.) | ปลดปล่อย | bplòt bplòi |

llamar (por ayuda)	เรียก	rîak
llegar (vi)	มา	maa
llorar (vi)	ร้องไห้	rórng hâi

matar (vt)	ฆ่า	khâa
mencionar (vt)	กล่าวถึง	glàao thĕung
mostrar (vt)	แสดง	sà-daeng
nadar (vi)	ว่ายน้ำ	wâai náam

negarse (vr)	ปฏิเสธ	bpà-dtì-sàyt
objetar (vt)	ค้าน	kháan
observar (vt)	สังเกตการณ์	săng-gàyt gaan
oír (vt)	ได้ยิน	dâai yin

olvidar (vt)	ลืม	leum
orar (vi)	ภาวนา	phaa-wá-naa
ordenar (mil.)	สั่งการ	sàng gaan
pagar (vi, vt)	จ่าย	jàai
pararse (vr)	หยุด	yùt

participar (vi)	มีส่วนร่วม	mee sùan rûam
pedir (ayuda, etc.)	ขอ	khŏr
pedir (en restaurante)	สั่ง	sàng
pensar (vi, vt)	คิด	khít

percibir (ver)	สังเกต	săng-gàyt
perdonar (vt)	ให้อภัย	hâi a-phai
permitir (vt)	อนุญาต	a-nú-yâat
pertenecer a …	เป็นของของ...	bpen khŏrng khŏrng...

planear (vt)	วางแผน	waang phăen
poder (v aux)	สามารถ	săa-mâat
poseer (vt)	เป็นเจ้าของ	bpen jâo khŏrng
preferir (vt)	ชอบ	chôrp
preguntar (vt)	ถาม	thăam

preparar (la cena)	ทำอาหาร	tham aa-hăan
prever (vt)	คาดหวัง	khâat wăng
probar, tentar (vt)	พยายาม	phá-yaa-yaam
prometer (vt)	สัญญา	săn-yaa
pronunciar (vt)	ออกเสียง	òrk sĭang

proponer (vt)	เสนอ	sà-nĕr
quebrar (vt)	แตก	dtàek
quejarse (vr)	บ่น	bòn
querer (amar)	รัก	rák
querer (desear)	ต้องการ	dtôrng gaan

16. Los verbos más importantes. Unidad 4

recomendar (vt)	แนะนำ	náe nam
regañar, reprender (vt)	ดุด่า	dù dàa
reírse (vr)	หัวเราะ	hŭa rór
repetir (vt)	ซ้ำ	sám

reservar (~ una mesa)	จอง	jorng
responder (vi, vt)	ตอบ	dtòrp
robar (vt)	ขโมย	khà-moi
saber (~ algo mas)	รู้	róo
salir (vi)	ออกไป	òrk bpai
salvar (vt)	กู้	gôo
seguir ...	ไปตาม...	bpai dtaam...
sentarse (vr)	นั่ง	nâng
ser necesario	ต้องการ	dtôrng gaan
ser, estar (vi)	เป็น	bpen
significar (vt)	หมาย	măai
sonreír (vi)	ยิ้ม	yím
sorprenderse (vr)	ประหลาดใจ	bprà-làat jai
subestimar (vt)	ดูถูก	doo thòok
tener (vt)	มี	mee
tener hambre	หิว	hĭw
tener miedo	กลัว	glua
tener prisa	รีบ	rêep
tener sed	กระหายน้ำ	grà-hăai náam
tirar, disparar (vi)	ยิง	ying
tocar (con las manos)	แตะต้อง	dtàe dtôrng
tomar (vt)	เอา	ao
tomar nota	จด	jòt
trabajar (vi)	ทำงาน	tham ngaan
traducir (vt)	แปล	bplae
unir (vt)	สมาน	sà-măan
vender (vt)	ขาย	khăai
ver (vt)	เห็น	hĕn
volar (pájaro, avión)	บิน	bin

LA HORA. EL CALENDARIO

17. Los días de la semana

lunes (m)	วันจันทร์	wan jan
martes (m)	วันอังคาร	wan ang-khaan
miércoles (m)	วันพุธ	wan phút
jueves (m)	วันพฤหัสบดี	wan phá-réu-hàt-sà-bor-dee
viernes (m)	วันศุกร์	wan sùk
sábado (m)	วันเสาร์	wan săo
domingo (m)	วันอาทิตย์	wan aa-thít
hoy (adv)	วันนี้	wan née
mañana (adv)	พรุ่งนี้	phrûng-née
pasado mañana	วันมะรืนนี้	wan má-reun née
ayer (adv)	เมื่อวานนี้	mêua waan née
anteayer (adv)	เมื่อวานซืนนี้	mêua waan-seun née
día (m)	วัน	wan
día (m) de trabajo	วันทำงาน	wan tham ngaan
día (m) de fiesta	วันนักขัตฤกษ์	wan nák-khàt-rêrk
día (m) de descanso	วันหยุด	wan yùt
fin (m) de semana	วันสุดสัปดาห์	wan sùt sàp-daa
todo el día	ทั้งวัน	tháng wan
al día siguiente	วันรุ่งขึ้น	wan rûng khêun
dos días atrás	สองวันก่อน	sŏrng wan gòrn
en vísperas (adv)	วันก่อนหน้านี้	wan gòrn nâa née
diario (adj)	รายวัน	raai wan
cada día (adv)	ทุกวัน	thúk wan
semana (f)	สัปดาห์	sàp-daa
semana (f) pasada	สัปดาห์ก่อน	sàp-daa gòrn
semana (f) que viene	สัปดาห์หน้า	sàp-daa nâa
semanal (adj)	รายสัปดาห์	raai sàp-daa
cada semana (adv)	ทุกสัปดาห์	thúk sàp-daa
2 veces por semana	สัปดาห์ละสองครั้ง	sàp-daa lá sŏrng khráng
todos los martes	ทุกวันอังคาร	túk wan ang-khaan

18. Las horas. El día y la noche

mañana (f)	เช้า	cháo
por la mañana	ตอนเช้า	dtorn cháo
mediodía (m)	เที่ยงวัน	thîang wan
por la tarde	ตอนบ่าย	dtorn bàai
noche (f)	เย็น	yen
por la noche	ตอนเย็น	dtorn yen

noche (f) (p.ej. 2:00 a.m.)	คืน	kheun
por la noche	กลางคืน	glaang kheun
medianoche (f)	เที่ยงคืน	thîang kheun

segundo (m)	วินาที	wí-naa-thee
minuto (m)	นาที	naa-thee
hora (f)	ชั่วโมง	chûa mohng
media hora (f)	ครึ่งชั่วโมง	khrêung chûa mohng
cuarto (m) de hora	สิบห้านาที	sìp hâa naa-thee
quince minutos	สิบห้านาที	sìp hâa naa-thee
veinticuatro horas	24 ชั่วโมง	yêe sìp sèe · chûa mohng

salida (f) del sol	พระอาทิตย์ขึ้น	phrá aa-thít khêun
amanecer (m)	ใกล้รุ่ง	glâi rûng
madrugada (f)	เช้า	cháo
puesta (f) del sol	พระอาทิตย์ตก	phrá aa-thít dtòk

de madrugada	ตอนเช้า	dtorn cháo
esta mañana	เช้านี้	cháo née
mañana por la mañana	พรุ่งนี้เช้า	phrûng-née cháo

esta tarde	บ่ายนี้	bàai née
por la tarde	ตอนบ่าย	dtorn bàai
mañana por la tarde	พรุ่งนี้บ่าย	phrûng-née bàai

| esta noche (p.ej. 8:00 p.m.) | คืนนี้ | kheun née |
| mañana por la noche | คืนพรุ่งนี้ | kheun phrûng-née |

a las tres en punto	3 โมงตรง	sǎam mohng dtrorng
a eso de las cuatro	ประมาณ 4 โมง	bprà-maan sèe mohng
para las doce	ภายใน 12 โมง	phaai nai sìp sǒng mohng

dentro de veinte minutos	อีก 20 นาที	èek yêe sìp naa-thee
dentro de una hora	อีกหนึ่งชั่วโมง	èek nèung chûa mohng
a tiempo (adv)	ทันเวลา	than way-laa

… menos cuarto	อีกสิบห้านาที	èek sìp hâa naa-thee
durante una hora	ภายในหนึ่งชั่วโมง	phaai nai nèung chûa mohng
cada quince minutos	ทุก 15 นาที	thúk sìp hâa naa-thee
día y noche	ทั้งวัน	tháng wan

19. Los meses. Las estaciones

enero (m)	มกราคม	mók-gà-raa khom
febrero (m)	กุมภาพันธ์	gum-phaa phan
marzo (m)	มีนาคม	mee-naa khom
abril (m)	เมษายน	may-sǎa-yon
mayo (m)	พฤษภาคม	phréut-sà-phaa khom
junio (m)	มิถุนายน	mí-thù-naa-yon

julio (m)	กรกฎาคม	gà-rá-gà-daa-khom
agosto (m)	สิงหาคม	sǐng hǎa khom
septiembre (m)	กันยายน	gan-yaa-yon
octubre (m)	ตุลาคม	dtù-laa khom

noviembre (m)	พฤศจิกายน	phréut-sà-jì-gaa-yon
diciembre (m)	ธันวาคม	than-waa khom
primavera (f)	ฤดูใบไม้ผลิ	réu-doo bai máai phlì
en primavera	ฤดูใบไม้ผลิ	réu-doo bai máai phlì
de primavera (adj)	ฤดูใบไมผลิ	réu-doo bai máai phlì
verano (m)	ฤดูร้อน	réu-doo rórn
en verano	ฤดูร้อน	réu-doo rórn
de verano (adj)	ฤดูรอน	réu-doo rórn
otoño (m)	ฤดูใบไม้ร่วง	réu-doo bai máai rûang
en otoño	ฤดูใบไม้ร่วง	réu-doo bai máai rûang
de otoño (adj)	ฤดูใบไมรวง	réu-doo bai máai rûang
invierno (m)	ฤดูหนาว	réu-doo nǎao
en invierno	ฤดูหนาว	réu-doo nǎao
de invierno (adj)	ฤดูหนาว	réu-doo nǎao
mes (m)	เดือน	deuan
este mes	เดือนนี้	deuan née
al mes siguiente	เดือนหน้า	deuan nâa
el mes pasado	เดือนที่แลว	deuan thêe láew
hace un mes	หนึ่งเดือนก่อนหน้านี้	nèung deuan gòrn nâa née
dentro de un mes	อีกหนึ่งเดือน	èek nèung deuan
dentro de dos meses	อีกสองเดือน	èek sǒrng deuan
todo el mes	ทั้งเดือน	tháng deuan
todo un mes	ตลอดทั้งเดือน	dtà-lòrt tháng deuan
mensual (adj)	รายเดือน	raai deuan
mensualmente (adv)	ทุกเดือน	thúk deuan
cada mes	ทุกเดือน	thúk deuan
dos veces por mes	เดือนละสองครั้ง	deuan lá sǒrng kráng
año (m)	ปี	bpee
este año	ปีนี้	bpee née
el próximo año	ปีหน้า	bpee nâa
el año pasado	ปีที่แลว	bpee thêe láew
hace un año	หนึ่งปีก่อน	nèung bpee gòrn
dentro de un año	อีกหนึ่งปี	èek nèung bpee
dentro de dos años	อีกสองปี	èek sǒng bpee
todo el año	ทั้งปี	tháng bpee
todo un año	ตลอดทั้งปี	dtà-lòrt tháng bpee
cada año	ทุกปี	thúk bpee
anual (adj)	รายปี	raai bpee
anualmente (adv)	ทุกปี	thúk bpee
cuatro veces por año	ปีละสี่ครั้ง	bpee lá sèe kráng
fecha (f) (la ~ de hoy es …)	วันที่	wan thêe
fecha (f) (~ de entrega)	วันเดือนปี	wan deuan bpee
calendario (m)	ปฏิทิน	bpà-dtì-thin
medio año (m)	ครึ่งปี	khrêung bpee
seis meses	หกเดือน	hòk deuan

| estación (f) | ฤดูกาล | réu-doo gaan |
| siglo (m) | ศตวรรษ | sà-dtà-wát |

EL VIAJE. EL HOTEL

20. El viaje. Viajar

turismo (m)	การท่องเที่ยว	gaan thôrng thîeow
turista (m)	นักท่องเที่ยว	nák thôrng thîeow
viaje (m)	การเดินทาง	gaan dern thaang
aventura (f)	การผจญภัย	gaan phà-jon phai
viaje (m)	การเดินทาง	gaan dern thaang
vacaciones (f pl)	วันหยุดพักผ่อน	wan yùt phák phòrn
estar de vacaciones	หยุดพักผอน	yùt phák phòrn
descanso (m)	การพัก	gaan phák
tren (m)	รถไฟ	rót fai
en tren	โดยรถไฟ	doi rót fai
avión (m)	เครื่องบิน	khrêuang bin
en avión	โดยเครื่องบิน	doi khrêuang bin
en coche	โดยรถยนต์	doi rót-yon
en barco	โดยเรือ	doi reua
equipaje (m)	สัมภาระ	săm-phaa-rá
maleta (f)	กระเป๋าเดินทาง	grà-bpǎo dern-thaang
carrito (m) de equipaje	รถขนสัมภาระ	rót khǒn săm-phaa-rá
pasaporte (m)	หนังสือเดินทาง	nǎng-sěu dern-thaang
visado (m)	วีซา	wee-sâa
billete (m)	ตั๋ว	dtǔa
billete (m) de avión	ตั๋วเครื่องบิน	dtǔa khrêuang bin
guía (f) (libro)	หนังสือแนะนำ	nǎng-sěu náe nam
mapa (m)	แผนที่	phǎen thêe
área (m) (~ rural)	เขต	khàyt
lugar (m)	สถานที่	sà-thǎan thêe
exotismo (m)	สิ่งแปลกใหม่	sìng bplàek mài
exótico (adj)	ต่างแดน	dtàang daen
asombroso (adj)	น่าประหลาดใจ	nâa bprà-làat jai
grupo (m)	กลุ่ม	glùm
excursión (f)	การเดินทาง ท่องเที่ยว	gaan dern taang thôrng thîeow
guía (m) (persona)	มัคคุเทศก์	mák-khú-thâyt

21. El hotel

hotel (m)	โรงแรม	rohng raem
motel (m)	โรงแรม	rohng raem

de tres estrellas	สามดาว	săam daao
de cinco estrellas	ห้าดาว	hâa daao
hospedarse (vr)	พัก	phák

habitación (f)	ห้อง	hôrng
habitación (f) individual	ห้องเดี่ยว	hôrng dìeow
habitación (f) doble	หองคู	hôrng khôo
reservar una habitación	จองหอง	jorng hôrng

| media pensión (f) | พักครึ่งวัน | phák khrêung wan |
| pensión (f) completa | พักเต็มวัน | phák dtem wan |

con baño	มีห้องอาบน้ำ	mee hôrng àap náam
con ducha	มีฝักบัว	mee fàk bua
televisión (f) satélite	โทรทัศน์ดาวเทียม	thoh-rá-thát daao thiam
climatizador (m)	เครื่องปรับอากาศ	khrêuang bpràp-aa-gàat
toalla (f)	ผาเช็ดตัว	phâa chét dtua
llave (f)	กุญแจ	gun-jae

administrador (m)	นักบุริหาร	nák bor-rí-hăan
camarera (f)	แม่บ้าน	mâe bâan
maletero (m)	พนักงาน ขนกระเป๋า	phá-nák ngaan khŏn grà-bpăo
portero (m)	พนักงาน เปิดประตู	phá-nák ngaan bpèrt bprà-dtoo

restaurante (m)	ร้านอาหาร	ráan aa-hăan
bar (m)	บาร์	baa
desayuno (m)	อาหารเช้า	aa-hăan cháo
cena (f)	อาหารเย็น	aa-hăan yen
buffet (m) libre	บุฟเฟต์	bùf-fây

| vestíbulo (m) | ล็อบบี้ | lórp-bêe |
| ascensor (m) | ลิฟต | líf |

| NO MOLESTAR | ห้ามรบกวน | hâam róp guan |
| PROHIBIDO FUMAR | หามสูบบุหรี่ | hâam sòop bù rèe |

22. La exploración del paisaje

monumento (m)	อนุสาวรีย์	a-nú-săa-wá-ree
fortaleza (f)	ป้อม	bpôrm
palacio (m)	วัง	wang
castillo (m)	ปราสาท	bpraa-sàat
torre (f)	หอ	hŏr
mausoleo (m)	สุสาน	sù-săan

arquitectura (f)	สถาปัตยกรรม	sà-thăa-bpàt-dtà-yá-gam
medieval (adj)	ยุคกลาง	yúk glaang
antiguo (adj)	โบราณ	boh-raan
nacional (adj)	แห่งชาติ	hàeng châat
conocido (adj)	ที่มีชื่อเสียง	thêe mee chêu-sĭang
turista (m)	นักทองเที่ยว	nák thôrng thîeow
guía (m) (persona)	มัคคุเทศก	mák-khú-thâyt

excursión (f)	ทัศนศึกษา	thát-sà-ná-sèuk-sǎa
mostrar (vt)	แสดง	sà-daeng
contar (una historia)	เลา	lâo
encontrar (hallar)	หาพบ	hǎa phóp
perderse (vr)	หลงทาง	lǒng thaang
plano (m) (~ de metro)	แผนที่	phǎen thêe
mapa (m) (~ de la ciudad)	แผนที่	phǎen thêe
recuerdo (m)	ของที่ระลึก	khǒrng thêe rá-léuk
tienda (f) de regalos	รานขาย	ráan khǎai
	ของที่ระลึก	khǒrng thêe rá-léuk
hacer fotos	ถ่ายภาพ	thàai phâap
fotografiarse (vr)	ได้รับการ	dâai ráp gaan
	ถายภาพให	thàai phâap hâi

EL TRANSPORTE

23. El aeropuerto

aeropuerto (m)	สนามบิน	sà-nǎam bin
avión (m)	เครื่องบิน	khrêuang bin
compañía (f) aérea	สายการบิน	sǎai gaan bin
controlador (m) aéreo	เจ้าหน้าที่ควบคุม	jâo nâa-thêe khûap khum
	จราจรทางอากาศ	jà-raa-jon thaang aa-gàat
despegue (m)	การออกเดินทาง	gaan òrk dern thaang
llegada (f)	การมาถึง	gaan maa thěung
llegar (en avión)	มาถึง	maa thěung
hora (f) de salida	เวลาขาไป	way-laa khǎa bpai
hora (f) de llegada	เวลามาถึง	way-laa maa thěung
retrasarse (vr)	ถูกเลื่อน	thòok lêuan
retraso (m) de vuelo	เลื่อนเที่ยวบิน	lêuan thieow bin
pantalla (f) de información	กระดานแสดง	grà daan sà-daeng
	ข้อมูล	khôr moon
información (f)	ข้อมูล	khôr moon
anunciar (vt)	ประกาศ	bprà-gàat
vuelo (m)	เที่ยวบิน	thîeow bin
aduana (f)	ศุลกากร	sǔn-lá-gaa-gon
aduanero (m)	เจ้าหน้าที่ศุลกากร	jâo nâa-thêe sǔn-lá-gaa-gon
declaración (f) de aduana	แบบฟอร์มการเสีย	bàep form gaan sǐa
	ภาษีศุลกากร	phaa-sěe sǔn-lá-gaa-gon
rellenar (vt)	กรอก	gròrk
rellenar la declaración	กรอกแบบฟอร์ม	gròrk bàep form
	การเสียภาษี	gaan sǐa paa-sěe
control (m) de pasaportes	จุดตรวจหนังสือ	jùt dtrùat nǎng-sěu
	เดินทาง	dern-thaang
equipaje (m)	สัมภาระ	sǎm-phaa-rá
equipaje (m) de mano	กระเป๋าถือ	grà-bpǎo thěu
carrito (m) de equipaje	รถขนสัมภาระ	rót khǒn sǎm-phaa-rá
aterrizaje (m)	การลงจอด	gaan long jòrt
pista (f) de aterrizaje	ลานบินลงจอด	laan bin long jòrt
aterrizar (vi)	ลงจอด	long jòrt
escaleras (f pl) (de avión)	ทางขึ้นลง	thaang khêun long
	เครื่องบิน	khrêuang bin
facturación (f) (check-in)	การเช็คอิน	gaan chék in
mostrador (m) de facturación	เคาน์เตอร์เช็คอิน	khao-dtêr chék in
hacer el check-in	เช็คอิน	chék in

tarjeta (f) de embarque	บัตรที่นั่ง	bàt thêe nâng
puerta (f) de embarque	ช่องเขา	chông khâo
tránsito (m)	การต่อเที่ยวบิน	gaan tòr thîeow bin
esperar (aguardar)	รอ	ror
zona (f) de preembarque	ห้องผู้โดยสารขาออก	hôrng phôo doi săan khăa òk
despedir (vt)	ไปส่ง	bpai sòng
despedirse (vr)	บอกลา	bòrk laa

24. El avión

avión (m)	เครื่องบิน	khrêuang bin
billete (m) de avión	ตั๋วเครื่องบิน	dtŭa khrêuang bin
compañía (f) aérea	สายการบิน	săai gaan bin
aeropuerto (m)	สนามบิน	sà-năam bin
supersónico (adj)	ความเร็วเหนือเสียง	khwaam reo nĕua-sĭang
comandante (m)	กัปตัน	gàp dtan
tripulación (f)	ลูกเรือ	lôok reua
piloto (m)	นักบิน	nák bin
azafata (f)	พนักงานต้อนรับ บนเครื่องบิน	phá-nák ngaan dtôrn ráp bon khrêuang bin
navegador (m)	ต้นหน	dtôn hŏn
alas (f pl)	ปีก	bpèek
cola (f)	หาง	hăang
cabina (f)	ห้องนักบิน	hôrng nák bin
motor (m)	เครื่องยนต์	khrêuang yon
tren (m) de aterrizaje	โครงส่วนล่าง ของเครื่องบิน	khrorng sùan lâang khŏrng khrêuang bin
turbina (f)	กังหัน	gang-hăn
hélice (f)	ใบพัด	bai phát
caja (f) negra	กล่องดำ	glòrng dam
timón (m)	คันบังคับ	khan bang-kháp
combustible (m)	เชื้อเพลิง	chéua phlerng
instructivo (m) de seguridad	คู่มือความปลอดภัย	khôo meu khwaam bplòt phai
respirador (m) de oxígeno	หน้ากากอ็อกซิเจน	nâa gàak ók sí jayn
uniforme (m)	เครื่องแบบ	khrêuang bàep
chaleco (m) salvavidas	เสื้อชูชีพ	sêua choo chêep
paracaídas (m)	ร่มชูชีพ	rôm choo chêep
despegue (m)	การบินขึ้น	gaan bin khêun
despegar (vi)	บินขึ้น	bin khêun
pista (f) de despegue	ทางวิ่งเครื่องบิน	thaang wîng khrêuang bin
visibilidad (f)	ทัศนวิสัย	thát sá ná wí-săi
vuelo (m)	การบิน	gaan bin
altura (f)	ความสูง	khwaam sŏong
pozo (m) de aire	หลุมอากาศ	lŭm aa-gàat
asiento (m)	ที่นั่ง	thêe nâng
auriculares (m pl)	หูฟัง	hŏo fang

mesita (f) plegable	ฦาฦพับเก็บได้	thàat pháp gèp dâai
ventana (f)	หน้าต่างเครื่องบิน	nâa dtàang khrêuang bin
pasillo (m)	ทางเดิน	thaang dern

25. El tren

tren (m)	รถไฟ	rót fai
tren (m) eléctrico	รถไฟชานเมือง	rót fai chaan meuang
tren (m) rápido	รถไฟด่วน	rót fai dùan
locomotora (f) diésel	รถจักรดีเซล	rót jàk dee-sayn
tren (m) de vapor	รถจักรไอน้ำ	rót jàk ai náam

| coche (m) | ตู้โดยสาร | dtôo doi săan |
| coche (m) restaurante | ตู้เสบียง | dtôo sà-biang |

rieles (m pl)	รางรถไฟ	raang rót fai
ferrocarril (m)	ทางรถไฟ	thaang rót fai
traviesa (f)	หมอนรองราง	mŏrn rorng raang

plataforma (f)	ชานชลา	chaan-chá-laa
vía (f)	ราง	raang
semáforo (m)	ไฟสัญญาณรถไฟ	fai săn-yaan rót fai
estación (f)	สถานี	sà-thăa-nee

maquinista (m)	คนขับรถไฟ	khon khàp rót fai
maletero (m)	พนักงานยกกระเป๋า	phá-nák ngaan yók grà-bpăo
mozo (m) del vagón	พนักงานรถไฟ	phá-nák ngaan rót fai
pasajero (m)	ผู้โดยสาร	phôo doi săan
revisor (m)	พนักงานตรวจตั๋ว	phá-nák ngaan dtrùat dtŭa

| corredor (m) | ทางเดิน | thaang dern |
| freno (m) de urgencia | เบรคฉุกเฉิน | bràyk chùk-chĕrn |

compartimiento (m)	ตู้นอน	dtôo norn
litera (f)	เตียง	dtiang
litera (f) de arriba	เตียงบน	dtiang bon
litera (f) de abajo	เตียงล่าง	dtiang lâang
ropa (f) de cama	ชุดเครื่องนอน	chút khrêuang norn

billete (m)	ตั๋ว	dtŭa
horario (m)	ตารางเวลา	dtaa-raang way-laa
pantalla (f) de información	กระดานแสดงข้อมูล	grà daan sà-daeng khôr moon

partir (vi)	ออกเดินทาง	òrk dern thaang
partida (f) (del tren)	การออกเดินทาง	gaan òrk dern thaang
llegar (tren)	มาถึง	maa thĕung
llegada (f)	การมาถึง	gaan maa thĕung

llegar en tren	มาถึงโดยรถไฟ	maa thĕung doi rót fai
tomar el tren	ขึ้นรถไฟ	khêun rót fai
bajar del tren	ลงจากรถไฟ	long jàk rót fai
descarrilamiento (m)	รถไฟตกราง	rót fai dtòk raang
descarrilarse (vr)	ตกราง	dtòk raang

tren (m) de vapor	หัวรถจักรไอน้ำ	hǔa rót jàk ai náam
fogonero (m)	คนควบคุมเตาไฟ	khon khûap khum dtao fai
hogar (m)	เตาไฟ	dtao fai
carbón (m)	ถ่านหิน	thàan hǐn

26. El barco

buque (m)	เรือ	reua
navío (m)	เรือ	reua
buque (m) de vapor	เรือจักรไอน้ำ	reua jàk ai náam
motonave (m)	เรือลองแม่น้ำ	reua lông mâe náam
trasatlántico (m)	เรือเดินสมุทร	reua dern sà-mùt
crucero (m)	เรือลาดตระเวน	reua lâat dtrà-wayn
yate (m)	เรือยอชต์	reua yôt
remolcador (m)	เรือลากจูง	reua lâak joong
barcaza (f)	เรือบรรทุก	reua ban-thúk
ferry (m)	เรือข้ามฟาก	reua khâam fâak
velero (m)	เรือใบ	reua bai
bergantín (m)	เรือใบสองเสากระโดง	reua bai sǒrng sǎo grà-dohng
rompehielos (m)	เรือตัดน้ำแข็ง	reua dtàt náam khǎeng
submarino (m)	เรือดำน้ำ	reua dam náam
bote (m) de remo	เรือพาย	reua phaai
bote (m)	เรือบดเล็ก	reua bòt lék
bote (m) salvavidas	เรือชูชีพ	reua choo chêep
lancha (f) motora	เรือยนต์	reua yon
capitán (m)	กัปตัน	gàp dtan
marinero (m)	นาวิน	naa-win
marino (m)	คนเรือ	khon reua
tripulación (f)	กะลาสี	gà-laa-sěe
contramaestre (m)	สรั่ง	sà-ràng
grumete (m)	ดูแลช่วยงานในเรือ	khon chûay ngaan nai reua
cocinero (m) de abordo	กุ๊ก	gúk
médico (m) del buque	แพทย์เรือ	phâet reua
cubierta (f)	ดาดฟ้าเรือ	dàat-fáa reua
mástil (m)	เสากระโดงเรือ	sǎo grà-dohng reua
vela (f)	ใบเรือ	bai reua
bodega (f)	ท้องเรือ	thórng-reua
proa (f)	หัวเรือ	hǔa-reua
popa (f)	ท้ายเรือ	tháai reua
remo (m)	ไม้พาย	máai phaai
hélice (f)	ใบจักร	bai jàk
camarote (m)	ห้องพัก	hôrng phák
sala (f) de oficiales	ห้องอาหาร	hôrng aa-hǎan
sala (f) de máquinas	ห้องเครื่องยนต์	hôrng khrêuang yon

puente (m) de mando	สะพานเดินเรือ	sà-phaan dern reua
sala (f) de radio	ห้องวิทยุ	hôrng wít-thá-yú
onda (f)	คลื่นความถี่	khlêun khwaam thèe
cuaderno (m) de bitácora	สมุดบันทึก	sà-mùt ban-théuk
anteojo (m)	กล้องส่องทางไกล	glôrng sòrng thaang glai
campana (f)	ระฆัง	rá-khang
bandera (f)	ธง	thorng
cabo (m) (maroma)	เชือก	chêuak
nudo (m)	ปม	bpom
pasamano (m)	ราว	raao
pasarela (f)	ไม้พาดให้	mái phâat hâi
	ขึ้นลงเรือ	khêun long reua
ancla (f)	สมอ	sà-mŏr
levar ancla	ถอนสมอ	thŏrn sà-mŏr
echar ancla	ทอดสมอ	thôrt sà-mŏr
cadena (f) del ancla	โซ่สมอเรือ	sôh sà-mŏr reua
puerto (m)	ท่าเรือ	thâa reua
embarcadero (m)	ท่า	thâa
amarrar (vt)	จอดเทียบท่า	jòt thîap tâa
desamarrar (vt)	ออกจากท่า	òrk jàak tâa
viaje (m)	การเดินทาง	gaan dern thaang
crucero (m) (viaje)	การล่องเรือ	gaan lôrng reua
derrota (f) (rumbo)	เส้นทาง	sên thaang
itinerario (m)	เส้นทาง	sên thaang
canal (m) navegable	ร่องเรือเดิน	rông reua dern
bajío (m)	โขด	khòht
encallar (vi)	เกยตื้น	goie dtêun
tempestad (f)	พายุ	phaa-yú
señal (f)	สัญญาณ	săn-yaan
hundirse (vr)	ลม	lôm
¡Hombre al agua!	คนตกเรือ!	kon dtòk reua
SOS	SOS	es-o-es
aro (m) salvavidas	ห่วงยาง	hùang yaang

LA CIUDAD

27. El transporte urbano

autobús (m)	รถเมล์	rót may
tranvía (m)	รถราง	rót raang
trolebús (m)	รถโดยสารประจำ ทางไฟฟ้า	rót doi săan bprà-jam thaang fai fáa
itinerario (m)	เส้นทาง	sên thaang
número (m)	หมายเลข	măai lâyk
ir en …	ไปด้วย	bpai dûay
tomar (~ el autobús)	ขึ้น	khêun
bajar (~ del tren)	ลง	long
parada (f)	ป้าย	bpâai
próxima parada (f)	ป้ายถัดไป	bpâai thàt bpai
parada (f) final	ป้ายสุดทาย	bpâai sùt tháai
horario (m)	ตารางเวลา	dtaa-raang way-laa
esperar (aguardar)	รอ	ror
billete (m)	ตั๋ว	dtŭa
precio (m) del billete	คาตั๋ว	khâa dtŭa
cajero (m)	คนขายตั๋ว	khon khăai dtŭa
control (m) de billetes	การตรวจตั๋ว	gaan dtrùat dtŭa
cobrador (m)	พนักงานตรวจตั๋ว	phá-nák ngaan dtrùat dtŭa
llegar tarde (vi)	ไปสาย	bpai săai
perder (~ el tren)	พลาด	phlâat
tener prisa	รีบเร่ง	rêep râyng
taxi (m)	แท็กซี่	tháek-sêe
taxista (m)	คนขับแท็กซี่	khon khàp tháek-sêe
en taxi	โดยแท็กซี่	doi tháek-sêe
parada (f) de taxi	ป้ายจอดแท็กซี่	bpâai jòrt tháek sêe
llamar un taxi	เรียกแท็กซี่	rîak tháek sêe
tomar un taxi	ขึ้นรถแท็กซี่	khêun rót tháek-sêe
tráfico (m)	การจราจร	gaan jà-raa-jon
atasco (m)	การจราจรติดขัด	gaan jà-raa-jon dtìt khàt
horas (f pl) de punta	ชั่วโมงเร่งด่วน	chûa mohng râyng dùan
aparcar (vi)	จอด	jòrt
aparcar (vt)	จอด	jòrt
aparcamiento (m)	ลานจอดรถ	laan jòrt rót
metro (m)	รถไฟใต้ดิน	rót fai dtâi din
estación (f)	สถานี	sà-thăa-nee
ir en el metro	ขึ้นรถไฟใต้ดิน	khêun rót fai dtâi din
tren (m)	รถไฟ	rót fai
estación (f)	สถานีรถไฟ	sà-thăa-nee rót fai

28. La ciudad. La vida en la ciudad

ciudad (f)	เมือง	meuang
capital (f)	เมืองหลวง	meuang lŭang
aldea (f)	หมูบาน	mòo bâan
plano (m) de la ciudad	แผนที่เมือง	phăen thêe meuang
centro (m) de la ciudad	ใจกลางเมือง	jai glaang-meuang
suburbio (m)	ชานเมือง	chaan meuang
suburbano (adj)	ชานเมือง	chaan meuang
arrabal (m)	รอบนอกเมือง	rôrp nôrk meuang
afueras (f pl)	เขตรอบเมือง	khàyt rôrp-meuang
barrio (m)	บล็อกผังเมือง	blòrk phăng meuang
zona (f) de viviendas	บล็อกที่อยูอาศัย	blòrk thêe yòo aa-săi
tráfico (m)	การจราจร	gaan jà-raa-jon
semáforo (m)	ไฟจราจร	fai jà-raa-jon
transporte (m) urbano	ขนสงมวลชน	khŏn sòng muan chon
cruce (m)	สี่แยก	sèe yâek
paso (m) de peatones	ทางมาลาย	thaang máa laai
paso (m) subterráneo	อุโมงคคนเดิน	u-mohng kon dern
cruzar (vt)	ขาม	khâam
peatón (m)	คนเดินเทา	khon dern tháo
acera (f)	ทางเทา	thaang tháo
puente (m)	สะพาน	sà-phaan
muelle (m)	ทางเลียบแมน้ำ	thaang lîap mâe náam
fuente (f)	น้ำพุ	nám phú
alameda (f)	ทางเลียบสวน	thaang lîap sŭan
parque (m)	สวน	sŭan
bulevar (m)	ถนนกวาง	thà-nŏn gwâang
plaza (f)	จัตุรัส	jàt-dtù-ràt
avenida (f)	ถนนใหญ	thà-nŏn yài
calle (f)	ถนน	thà-nŏn
callejón (m)	ซอย	soi
callejón (m) sin salida	ทางตัน	thaang dtan
casa (f)	บาน	bâan
edificio (m)	อาคาร	aa-khaan
rascacielos (m)	ตึกระฟา	dtèuk rá-fáa
fachada (f)	ดานหนาอาคาร	dâan-nâa aa-khaan
techo (m)	หลังคา	lăng khaa
ventana (f)	หนาตาง	nâa dtàang
arco (m)	ซุมประตู	súm bprà-dtoo
columna (f)	เสา	săo
esquina (f)	มุม	mum
escaparate (f)	หนาตางรานคา	nâa dtàang ráan kháa
letrero (m) (~ luminoso)	ปายราน	bpâai ráan
cartel (m)	โปสเตอร	bpòht-dtêr
cartel (m) publicitario	ปายโฆษณา	bpâai khôht-sà-naa

valla (f) publicitaria	กระดานปิดประกาศโฆษณา	grà-daan bpìt bprà-gàat khôht-sà-naa
basura (f)	ขยะ	khà-yà
cajón (m) de basura	ถังขยะ	thăng khà-yà
tirar basura	ทิ้งขยะ	thíng khà-yà
basurero (m)	ที่ทิ้งขยะ	thêe thíng khà-yà
cabina (f) telefónica	ตู้โทรศัพท์	dtôo thoh-rá-sàp
farola (f)	เสาโคม	săo khohm
banco (m) (del parque)	ม้านั่ง	máa nâng
policía (m)	เจ้าหน้าที่ตำรวจ	jâo nâa-thêe dtam-rùat
policía (f) (~ nacional)	ตำรวจ	dtam-rùat
mendigo (m)	ขอทาน	khŏr thaan
persona (f) sin hogar	คนไร้บ้าน	khon rái bâan

29. Las instituciones urbanas

tienda (f)	ร้านค้า	ráan kháa
farmacia (f)	ร้านขายยา	ráan khăai yaa
óptica (f)	ร้านตัดแว่น	ráan dtàt wâen
centro (m) comercial	ศูนย์การค้า	sŏon gaan kháa
supermercado (m)	ซูเปอร์มาร์เก็ต	soo-bper-maa-gèt
panadería (f)	ร้านขนมปัง	ráan khà-nŏm bpang
panadero (m)	คนอบขนมปัง	khon òp khà-nŏm bpang
pastelería (f)	ร้านขนม	ráan khà-nŏm
tienda (f) de comestibles	ร้านขายของชำ	ráan khăai khŏrng cham
carnicería (f)	ร้านขายเนื้อ	ráan khăai néua
verdulería (f)	ร้านขายผัก	ráan khăai phàk
mercado (m)	ตลาด	dtà-làat
cafetería (f)	ร้านกาแฟ	ráan gaa-fae
restaurante (m)	ร้านอาหาร	ráan aa-hăan
cervecería (f)	บาร์	baa
pizzería (f)	ร้านพิซซ่า	ráan phís-sâa
peluquería (f)	ร้านทำผม	ráan tham phŏm
oficina (f) de correos	โรงไปรษณีย์	rohng bprai-sà-nee
tintorería (f)	ร้านซักแห้ง	ráan sák hâeng
estudio (m) fotográfico	ห้องถ่ายภาพ	hôrng thàai phâap
zapatería (f)	ร้านขายรองเท้า	ráan khăai rorng táo
librería (f)	ร้านขายหนังสือ	ráan khăai năng-sĕu
tienda (f) deportiva	ร้านขายอุปกรณ์กีฬา	ráan khăai u-bpà-gon gee-laa
arreglos (m pl) de ropa	ร้านซ่อมเสื้อผ้า	ráan sôrm sêua phâa
alquiler (m) de ropa	ร้านเช่าเสื้อออกงาน	ráan châo sêua òrk ngaan
videoclub (m)	ร้านเช่าวิดีโอ	ráan châo wí-dee-oh
circo (m)	โรงละครสัตว์	rohng lá-khon sàt
zoo (m)	สวนสัตว์	sŭan sàt
cine (m)	โรงภาพยนตร์	rohng phâap-phá-yon

museo (m)	พิพิธภัณฑ์	phí-phítha phan
biblioteca (f)	หองสมุด	hôrng sà-mùt
teatro (m)	โรงละคร	rohng lá-khon
ópera (f)	โรงอุปรากร	rohng ù-bpà-raa-gon
club (m) nocturno	ไนทคลับ	nai-khláp
casino (m)	คาสิโน	khaa-sì-noh
mezquita (f)	สุเหร่า	sù-rào
sinagoga (f)	โบสถยิว	bòht yiw
catedral (f)	อาสนวิหาร	aa sǒn wí-hǎan
templo (m)	วิหาร	wí-hǎan
iglesia (f)	โบสถ	bòht
instituto (m)	วิทยาลัย	wít-thá-yaa-lai
universidad (f)	มหาวิทยาลัย	má-hǎa wít-thá-yaa-lai
escuela (f)	โรงเรียน	rohng rian
prefectura (f)	ศาลากลางจังหวัด	sǎa-laa glaang jang-wàt
alcaldía (f)	ศาลาเทศบาล	sǎa-laa thâyt-sà-baan
hotel (m)	โรงแรม	rohng raem
banco (m)	ธนาคาร	thá-naa-khaan
embajada (f)	สถานทูต	sà-thǎan thôot
agencia (f) de viajes	บริษัททัวร์	bor-rí-sàt thua
oficina (f) de información	สำนักงาน	sǎm-nák ngaan
	ศูนยขอมูล	sǒon khôr moon
oficina (f) de cambio	รานแลกเงิน	ráan lâek ngern
metro (m)	รถไฟใต้ดิน	rót fai dtâi din
hospital (m)	โรงพยาบาล	rohng phá-yaa-baan
gasolinera (f)	ปั้มน้ำมัน	bpám náam man
aparcamiento (m)	ลานจอดรถ	laan jòrt rót

30. Los avisos

letrero (m) (~ luminoso)	ป้ายราน	bpâai ráan
cartel (m) (texto escrito)	ป้ายเตือน	bpâai dteuan
pancarta (f)	โปสเตอร	bpòht-dtêr
signo (m) de dirección	ป้ายบอกทาง	bpâai bòrk thaang
flecha (f) (signo)	ลูกศร	lôok sǒn
advertencia (f)	คำเตือน	kham dteuan
aviso (m)	ป้ายเตือน	bpâai dteuan
advertir (vt)	เตือน	dteuan
día (m) de descanso	วันหยุด	wan yùt
horario (m)	ตารางเวลา	dtaa-raang way-laa
horario (m) de apertura	เวลาทำการ	way-laa tham gaan
¡BIENVENIDOS!	ยินดีต้อนรับ!	yin dee dtôrn ráp
ENTRADA	ทางเขา	thaang khâo
SALIDA	ทางออก	thaang òrk

EMPUJAR	ผลัก	phlàk
TIRAR	ดึง	deung
ABIERTO	เปิด	bpèrt
CERRADO	ปิด	bpìt

| MUJERES | หญิง | yǐng |
| HOMBRES | ชาย | chaai |

REBAJAS	ลดราคา	lót raa-khaa
SALDOS	ขายของลดราคา	khǎai khǒrng lót raa-khaa
NOVEDAD	ใหม่!	mài
GRATIS	ฟรี	free

¡ATENCIÓN!	โปรดทราบ!	bpròht sâap
COMPLETO	ไม่มีห้องว่าง	mâi mee hôrng wâang
RESERVADO	จองแล้ว	jorng láew

| ADMINISTRACIÓN | สำนักงาน | sǎm-nák ngaan |
| SÓLO PERSONAL AUTORIZADO | เฉพาะพนักงาน | chà-phór phá-nák ngaan |

CUIDADO CON EL PERRO	ระวังสุนัข!	rá-wang sù-nák
PROHIBIDO FUMAR	ห้ามสูบบุหรี่	hâam sòop bù rèe
NO TOCAR	ห้ามแตะ!	hâam dtàe

PELIGROSO	อันตราย	an-dtà-raai
PELIGRO	อันตราย	an-dtà-raai
ALTA TENSIÓN	ไฟฟ้าแรงสูง	fai fáa raeng sǒong
PROHIBIDO BAÑARSE	ห้ามว่ายน้ำ!	hâam wâai náam
NO FUNCIONA	เสีย	sǐa

INFLAMABLE	อันตรายติดไฟ	an-dtà-raai dtìt fai
PROHIBIDO	ห้าม	hâam
PROHIBIDO EL PASO	ห้ามผ่าน!	hâam phàan
RECIÉN PINTADO	สีพื้นเปียก	sěe phéun bpìak

31. Las compras

comprar (vt)	ซื้อ	séu
compra (f)	ของซื้อ	khǒrng séu
hacer compras	ไปซื้อของ	bpai séu khǒrng
compras (f pl)	การชอปปิง	gaan chôp bping

| estar abierto (tienda) | เปิด | bpèrt |
| estar cerrado | ปิด | bpìt |

calzado (m)	รองเท้า	rorng tháo
ropa (f), vestido (m)	เสื้อผ้า	sêua phâa
cosméticos (m pl)	เครื่องสำอาง	khrêuang sǎm-aang
productos alimenticios	อาหาร	aa-hǎan
regalo (m)	ของขวัญ	khǒrng khwǎn

| vendedor (m) | พนักงานขาย | phá-nák ngaan khǎai |
| vendedora (f) | พนักงานขาย | phá-nák ngaan khǎai |

caja (f)	ที่จ่ายเงิน	thêe jàai ngern
espejo (m)	กระจก	grà-jòk
mostrador (m)	เคาน์เตอร์	khao-dtêr
probador (m)	หองลองเสื้อผ้า	hôrng lorng sêua phâa

probar (un vestido)	ลอง	lorng
quedar (una ropa, etc.)	เหมาะ	mò
gustar (vi)	ชอบ	chôrp

precio (m)	ราคา	raa-khaa
etiqueta (f) de precio	ป้ายราคา	bpâai raa-khaa
costar (vt)	ราคา	raa-khaa
¿Cuánto?	ราคาเท่าไหร่?	raa-khaa thâo rài
descuento (m)	ลดราคา	lót raa-khaa

no costoso (adj)	ไม่แพง	mâi phaeng
barato (adj)	ถูก	thòok
caro (adj)	แพง	phaeng
Es caro	มันราคาแพง	man raa-khaa phaeng

alquiler (m)	การเช่า	gaan châo
alquilar (vt)	เช่า	châo
crédito (m)	สินเชื่อ	sǐn chêua
a crédito (adv)	ซื้อเงินเชื่อ	séu ngern chêua

LA ROPA Y LOS ACCESORIOS

32. La ropa exterior. Los abrigos

ropa (f), vestido (m)	เสื้อผ้า	sêua phâa
ropa (f) de calle	เสื้อนอก	sêua nôk
ropa (f) de invierno	เสื้อกันหนาว	sêua gan năao
abrigo (m)	เสื้อโค้ท	sêua khóht
abrigo (m) de piel	เสื้อโค้ทขนสัตว์	sêua khóht khŏn sàt
abrigo (m) corto de piel	แจคเก็ตขนสัตว์	jáek-gèt khŏn sàt
plumón (m)	แจ็คเก็ตกันหนาว	jáek-gèt gan năao
cazadora (f)	แจ็คเก็ต	jáek-gèt
impermeable (m)	เสื้อกันฝน	sêua gan fŏn
impermeable (adj)	ซึ่งกันน้ำได้	sêung gan náam dâai

33. Ropa de hombre y mujer

camisa (f)	เสื้อ	sêua
pantalones (m pl)	กางเกง	gaang-gayng
jeans, vaqueros (m pl)	กางเกงยีนส์	gaang-gayng yeen
chaqueta (f), saco (m)	แจ็คเก็ตสูท	jáek-gèt sòot
traje (m)	ชุดสูท	chút sòot
vestido (m)	ชุดเดรส	chút draet
falda (f)	กระโปรง	grà bprohng
blusa (f)	เสื้อ	sêua
rebeca (f), chaqueta (f) de punto	แจ็คเก็ตถัก	jáek-gèt thàk
chaqueta (f)	แจ็คเก็ต	jáek-gèt
camiseta (f) (T-shirt)	เสื้อยืด	sêua yêut
shorts (m pl)	กางเกงขาสั้น	gaang-gayng khăa sân
traje (m) deportivo	ชุดวอรม	chút wom
bata (f) de baño	เสื้อคลุมอาบน้ำ	sêua khlum àap náam
pijama (f)	ชุดนอน	chút norn
jersey (m), suéter (m)	เสื้อไหมพรม	sêua măi phrom
pulóver (m)	เสื้อกันหนาวแบบสวม	sêua gan năao bàep sŭam
chaleco (m)	เสื้อกั๊ก	sêua gák
frac (m)	เสื้อเทลโค้ต	sêua thayn-khóht
esmoquin (m)	ชุดทักซิโต	chút thák sí dôh
uniforme (m)	เครื่องแบบ	khrêuang bàep
ropa (f) de trabajo	ชุดทำงาน	chút tam ngaan
mono (m)	ชุดเอี๊ยม	chút íam
bata (f) (p. ej. ~ blanca)	เสื้อคลุม	sêua khlum

34. La ropa. La ropa interior

ropa (f) interior	ชุดชั้นใน	chút chán nai
bóxer (m)	กางเกงในชาย	gaang-gayng nai chaai
bragas (f pl)	กางเกงในสตรี	gaang-gayng nai sàt-dtree
camiseta (f) interior	เสื้อชั้นใน	sêua chán nai
calcetines (m pl)	ถุงเท้า	thŭng tháo
camisón (m)	ชุดนอนสตรี	chút norn sàt-dtree
sostén (m)	ยกทรง	yók song
calcetines (m pl) altos	ถุงเท้ายาว	thŭng tháo yaao
pantimedias (f pl)	ถุงน่องเต็มตัว	thŭng nôrng dtem dtua
medias (f pl)	ถุงน่อง	thŭng nôrng
traje (m) de baño	ชุดว่ายน้ำ	chút wâai náam

35. Gorras

gorro (m)	หมวก	mùak
sombrero (m) de fieltro	หมวก	mùak
gorra (f) de béisbol	หมวกเบสบอล	mùak bàyt-bon
gorra (f) plana	หมวกติงลี่	mùak dting lêe
boina (f)	หมวกเบเร่ต์	mùak bay-rây
capuchón (m)	ฮูด	hóot
panamá (m)	หมวกปานามา	mùak bpaa-naa-maa
gorro (m) de punto	หมวกไหมพรม	mùak măi phrom
pañuelo (m)	ผ้าโพกศีรษะ	phâa phôhk sĕe-sà
sombrero (m) de mujer	หมวกสตรี	mùak sàt-dtree
casco (m) (~ protector)	หมวกนิรภัย	mùak ní-rá-phai
gorro (m) de campaña	หมวกหนีบ	mùak nèep
casco (m) (~ de moto)	หมวกกันน็อค	mùak ní-rá-phai
bombín (m)	หมวกกลมทรงสูง	mùak glom song sŏong
sombrero (m) de copa	หมวกทรงสูง	mùak song sŏong

36. El calzado

calzado (m)	รองเท้า	rorng tháo
botas (f pl)	รองเท้า	rorng tháo
zapatos (m pl) (~ de tacón bajo)	รองเท้า	rorng tháo
botas (f pl) altas	รองเท้าบูท	rorng tháo bòot
zapatillas (f pl)	รองเท้าแตะในบ้าน	rorng tháo dtàe nai bâan
tenis (m pl)	รองเท้ากีฬา	rorng tháo gee-laa
zapatillas (f pl) de lona	รองเท้าผ้าใบ	rorng tháo phâa bai
sandalias (f pl)	รองเท้าแตะ	rorng tháo dtàe
zapatero (m)	คนซ่อมรองเท้า	khon sôrm rorng tháo
tacón (m)	ส้นรองเท้า	sôn rorng tháo

par (m)	คู่	khôo
cordón (m)	เชือกรองเท้า	chêuak rorng tháo
encordonar (vt)	ผูกเชือกรองเท้า	phòok chêuak rorng tháo
calzador (m)	ที่ช้อนรองเท้า	thêe chón rorng tháo
betún (m)	ยาขัดรองเท้า	yaa khàt rorng tháo

37. Accesorios personales

guantes (m pl)	ถุงมือ	thŭng meu
manoplas (f pl)	ถุงมือ	thŭng meu
bufanda (f)	ผ้าพันคอ	phâa phan khor
gafas (f pl)	แว่นตา	wâen dtaa
montura (f)	กรอบแว่น	gròrp wâen
paraguas (m)	ร่ม	rôm
bastón (m)	ไม้เท้า	máai tháo
cepillo (m) de pelo	แปรงหวีผม	bpraeng wĕe phŏm
abanico (m)	พัด	phát
corbata (f)	เนคไท	nâyk-thai
pajarita (f)	โบว์หูกระต่าย	boh hŏo grà-dtàai
tirantes (m pl)	สายเอี๊ยม	săai íam
moquero (m)	ผ้าเช็ดหน้า	phâa chét-nâa
peine (m)	หวี	wĕe
pasador (m) de pelo	ที่หนีบผม	têe nèep phŏm
horquilla (f)	กิ๊บ	gíp
hebilla (f)	หัวเข็มขัด	hŭa khĕm khàt
cinturón (m)	เข็มขัด	khĕm khàt
correa (f) (de bolso)	สายกระเป๋า	săai grà-bpăo
bolsa (f)	กระเป๋า	grà-bpăo
bolso (m)	กระเป๋าถือ	grà-bpăo thĕu
mochila (f)	กระเป๋าสะพายหลัง	grà-bpăo sà-phaai lăng

38. La ropa. Miscelánea

moda (f)	แฟชั่น	fae-chân
de moda (adj)	ค่านิยม	khâa ní-yom
diseñador (m) de moda	นักออกแบบแฟชั่น	nák òrk bàep fae-chân
cuello (m)	คอปกเสื้อ	khor bpòk sêua
bolsillo (m)	กระเป๋า	grà-bpăo
de bolsillo (adj)	กระเป๋า	grà-bpăo
manga (f)	แขนเสื้อ	khăen sêua
presilla (f)	ที่แขวนเสื้อ	thêe khwăen sêua
bragueta (f)	ซิปกางเกง	síp gaang-gayng
cremallera (f)	ซิป	síp
cierre (m)	ซิป	síp
botón (m)	กระดุม	grà dum

45

| ojal (m) | รูกระดุม | roo grà dum |
| saltar (un botón) | หลุดออก | lùt òrk |

coser (vi, vt)	เย็บ	yép
bordar (vt)	ปัก	bpàk
bordado (m)	ลายปัก	laai bpàk
aguja (f)	เข็มเย็บผ้า	khěm yép phâa
hilo (m)	เสนด้าย	sây-dâai
costura (f)	รอยเย็บ	roi yép

ensuciarse (vr)	สกปรก	sòk-gà-bpròk
mancha (f)	รอยเปื้อน	roi bpêuan
arrugarse (vr)	พับเป็นรอยย่น	pháp bpen roi yôn
rasgar (vt)	ฉีก	chèek
polilla (f)	แมลงกินผ้า	má-laeng gin phâa

39. Productos personales. Cosméticos

pasta (f) de dientes	ยาสีฟัน	yaa sěe fan
cepillo (m) de dientes	แปรงสีฟัน	bpraeng sěe fan
limpiarse los dientes	แปรงฟัน	bpraeng fan

maquinilla (f) de afeitar	มีดโกน	mêet gohn
crema (f) de afeitar	ครีมโกนหนวด	khreem gohn nùat
afeitarse (vr)	โกน	gohn

| jabón (m) | สบู่ | sà-bòo |
| champú (m) | แชมพู | chaem-phoo |

tijeras (f pl)	กรรไกร	gan-grai
lima (f) de uñas	ตะไบเล็บ	dtà-bai lép
cortaúñas (m pl)	กรรไกรตัดเล็บ	gan-grai dtàt lép
pinzas (f pl)	แหนบ	nàep

cosméticos (m pl)	เครื่องสำอาง	khrêuang sǎm-aang
mascarilla (f)	มาสก์หน้า	mâak nâa
manicura (f)	การแต่งเล็บ	gaan dtàeng lép
hacer la manicura	แต่งเล็บ	dtàeng lép
pedicura (f)	การแต่งเล็บเท้า	gaan dtàeng lép táo

neceser (m) de maquillaje	กระเป๋าเครื่องสำอาง	grà-bpǎo khrêuang sǎm-aang
polvos (m pl)	แป้งฝุ่น	bpâeng-fùn
polvera (f)	ตลับแป้ง	dtà-làp bpâeng
colorete (m), rubor (m)	แป้งทาแก้ม	bpâeng thaa gâem

perfume (m)	น้ำหอม	nám hǒrm
agua (f) perfumada	น้ำหอมออนๆ	náam hǒrm òn òn
loción (f)	โลชั่น	loh-chân
agua (f) de colonia	โคโลญจ์	khoh-lohn

sombra (f) de ojos	อายแชโดว์	aai-chae-doh
lápiz (m) de ojos	อายไลเนอร์	aai lai-ner
rímel (m)	มาสคารา	mâat-khaa-râa
pintalabios (m)	ลิปสติก	líp-sà-dtìk

esmalte (m) de uñas	น้ำยาทาเล็บ	nám yaa-thaa lép
fijador (m) (para el pelo)	สเปรย์ฉีดผม	sà-bpray chèet phǒm
desodorante (m)	ยาดับกลิ่น	yaa dàp glìn

crema (f)	ครีม	khreem
crema (f) de belleza	ครีมทาหน้า	khreem thaa nâa
crema (f) de manos	ครีมทามือ	khreem thaa meu
crema (f) antiarrugas	ครีมลดริ้วรอย	khreem lót ríw roi
crema (f) de día	ครีมกลางวัน	khreem klaang wan
crema (f) de noche	ครีมกลางคืน	khreem klaang kheun
de día (adj)	กลางวัน	glaang wan
de noche (adj)	กลางคืน	glaang kheun

tampón (m)	ผ้าอนามัยแบบสอด	phâa a-naa-mai bàep sòrt
papel (m) higiénico	กระดาษชำระ	grà-dàat cham-rá
secador (m) de pelo	เครื่องเป่าผม	khrêuang bpào phǒm

40. Los relojes

reloj (m)	นาฬิกา	naa-lí-gaa
esfera (f)	หน้าปัด	nâa bpàt
aguja (f)	เข็ม	khěm
pulsera (f)	สายนาฬิกาข้อมือ	sǎai naa-lí-gaa khôr meu
correa (f) (del reloj)	สายรัดข้อมือ	sǎai rát khôr meu

pila (f)	แบตเตอรี่	bàet-dter-rêe
descargarse (vr)	หมด	mòt
cambiar la pila	เปลี่ยนแบตเตอรี่	bplìan bàet-dter-rêe
adelantarse (vr)	เดินเร็วเกินไป	dern reo gern bpai
retrasarse (vr)	เดินช้า	dern cháa

reloj (m) de pared	นาฬิกาแขวนผนัง	naa-lí-gaa khwǎen phà-nǎng
reloj (m) de arena	นาฬิกาทราย	naa-lí-gaa saai
reloj (m) de sol	นาฬิกาแดด	naa-lí-gaa dàet
despertador (m)	นาฬิกาปลุก	naa-lí-gaa bplùk
relojero (m)	ช่างซ่อมนาฬิกา	châang sôrm naa-lí-gaa
reparar (vt)	ซ่อม	sôrm

LA EXPERIENCIA DIARIA

41. El dinero

dinero (m)	เงิน	ngern
cambio (m)	การแลกเปลี่ยนสกุลเงิน	gaan lâek bplìan sà-gun ngern
curso (m)	อัตราแลกเปลี่ยนสกุลเงิน	àt-dtraa lâek bplìan sà-gun ngern
cajero (m) automático	เอทีเอ็ม	ay-thee-em
moneda (f)	เหรียญ	rĭan
dólar (m)	ดอลลาร์	dorn-lâa
euro (m)	ยูโร	yoo-roh
lira (f)	ลีราอิตาลี	lee-raa ì-dtaa-lee
marco (m) alemán	มาร์ค	mâak
franco (m)	ฟรังค์	frang
libra esterlina (f)	ปอนด์สเตอร์ลิง	bporn sà-dtêr-ling
yen (m)	เยน	yayn
deuda (f)	หนี้	nêe
deudor (m)	ลูกหนี้	lôok nêe
prestar (vt)	ให้ยืม	hâi yeum
tomar prestado	ขอยืม	khŏr yeum
banco (m)	ธนาคาร	thá-naa-khaan
cuenta (f)	บัญชี	ban-chee
ingresar (~ en la cuenta)	ฝาก	fàak
ingresar en la cuenta	ฝากเงินเข้าบัญชี	fàak ngern khâo ban-chee
sacar de la cuenta	ถอน	thŏrn
tarjeta (f) de crédito	บัตรเครดิต	bàt khray-dìt
dinero (m) en efectivo	เงินสด	ngern sòt
cheque (m)	เช็ค	chék
sacar un cheque	เขียนเช็ค	khĭan chék
talonario (m)	สมุดเช็ค	sà-mùt chék
cartera (f)	กระเป๋าเงิน	grà-bpăo ngern
monedero (m)	กูระเป๋าสตางค์	grà-bpăo sà-dtaang
caja (f) fuerte	ตู้เซฟ	dtôo sâyf
heredero (m)	ทายาท	thaa-yâat
herencia (f)	มรดก	mor-rá-dòrk
fortuna (f)	เงินจำนวนมาก	ngern jam-nuan mâak
arriendo (m)	สัญญาเช่า	săn-yaa châo
alquiler (m) (dinero)	ค่าเช่า	kâa châo
alquilar (~ una casa)	เช่า	châo
precio (m)	ราคา	raa-khaa

| coste (m) | ราคา | raa-khaa |
| suma (f) | จำนวนเงินรวม | jam-nuan ngern ruam |

gastar (vt)	จ่าย	jàai
gastos (m pl)	ค่าจ่าย	khâa jàai
economizar (vi, vt)	ประหยัด	bprà-yàt
económico (adj)	ประหยัด	bprà-yàt

pagar (vi, vt)	จ่าย	jàai
pago (m)	การจ่ายเงิน	gaan jàai ngern
cambio (m) (devolver el ~)	เงินทอน	ngern thorn

impuesto (m)	ภาษี	phaa-sĕe
multa (f)	ค่าปรับ	khâa bpràp
multar (vt)	ปรับ	bpràp

42. La oficina de correos

oficina (f) de correos	โรงไปรษณีย์	rohng bprai-sà-nee
correo (m) (cartas, etc.)	จดหมาย	jòt măai
cartero (m)	บุรุษไปรษณีย์	bù-rùt bprai-sà-nee
horario (m) de apertura	เวลาทำการ	way-laa tham gaan

carta (f)	จดหมาย	jòt măai
carta (f) certificada	จดหมายลงทะเบียน	jòt măai long thá-bian
tarjeta (f) postal	ไปรษณียบัตร	bprai-sà-nee-yá-bàt
telegrama (m)	โทรเลข	thoh-rá-lâyk
paquete (m) postal	พัสดุ	phát-sà-dù
giro (m) postal	การโอนเงิน	gaan ohn ngern

recibir (vt)	รับ	ráp
enviar (vt)	ฝาก	fàak
envío (m)	การฝาก	gaan fàak

| dirección (f) | ที่อยู่ | thêe yòo |
| código (m) postal | รหัสไปรษณีย์ | rá-hàt bprai-sà-nee |

| expedidor (m) | ผู้ฝาก | phôo fàak |
| destinatario (m) | ผู้รับ | phôo ráp |

| nombre (m) | ชื่อ | chêu |
| apellido (m) | นามสกุล | naam sà-gun |

tarifa (f)	อัตราค่าส่งไปรษณีย์	àt-dtraa khâa sòng bprai-sà-nee
ordinario (adj)	มาตรฐาน	mâat-dtrà-thăan
económico (adj)	ประหยัด	bprà-yàt

peso (m)	น้ำหนัก	nám nàk
pesar (~ una carta)	มีน้ำหนัก	mee nám nàk
sobre (m)	ซอง	sorng
sello (m)	แสตมป์ไปรษณีย์	sà-dtaem bprai-sà-nee
poner un sello	แสตมป์ตราประทับบนซอง	sà-dtaem dtraa bprà-tháp bon song

43. La banca

banco (m)	ธนาคาร	thá-naa-khaan
sucursal (f)	สาขา	săa-khăa
asesor (m) (~ fiscal)	พนักงาน	phá-nák ngaan
	ธนาคาร	thá-naa-khaan
gerente (m)	ผู้จัดการ	phôo jàt gaan
cuenta (f)	บัญชีธนาคาร	ban-chee thá-naa-kaan
numero (m) de la cuenta	หมายเลขบัญชี	măai lâyk ban-chee
cuenta (f) corriente	กระแสรายวัน	grà-săe raai wan
cuenta (f) de ahorros	บัญชีออมทรัพย์	ban-chee orm sáp
abrir una cuenta	เปิดบัญชี	bpèrt ban-chee
cerrar la cuenta	ปิดบัญชี	bpìt ban-chee
ingresar en la cuenta	ฝากเงินเข้าบัญชี	fàak ngern khâo ban-chee
sacar de la cuenta	ถอน	thŏrn
depósito (m)	การฝาก	gaan fàak
hacer un depósito	ฝาก	fàak
giro (m) bancario	การโอนเงิน	gaan ohn ngern
hacer un giro	โอนเงิน	ohn ngern
suma (f)	จำนวนเงินรวม	jam-nuan ngern ruam
¿Cuánto?	เทาไหร?	thâo rài
firma (f) (nombre)	ลายมือชื่อ	laai meu chêu
firmar (vt)	ลงนาม	long naam
tarjeta (f) de crédito	บัตรเครดิต	bàt khray-dìt
código (m)	รหัส	rá-hàt
número (m) de tarjeta de crédito	หมายเลขบัตรเครดิต	măai lâyk bàt khray-dìt
cajero (m) automático	เอทีเอ็ม	ay-thee-em
cheque (m)	เช็ค	chék
sacar un cheque	เขียนเช็ค	khĭan chék
talonario (m)	สมุดเช็ค	sà-mùt chék
crédito (m)	เงินกู้	ngern gôo
pedir el crédito	ขอสินเชื่อ	khŏr sĭn chêua
obtener un crédito	กู้เงิน	gôo ngern
conceder un crédito	ให้กู้เงิน	hâi gôo ngern
garantía (f)	การรับประกัน	gaan ráp bprà-gan

44. El teléfono. Las conversaciones telefónicas

teléfono (m)	โทรศัพท์	thoh-rá-sàp
teléfono (m) móvil	มือถือ	meu thĕu
contestador (m)	เครื่องพูดตอบ	khrêuang phôot dtòp
llamar, telefonear	โทรศัพท์	thoh-rá-sàp
llamada (f)	การโทรศัพท์	gaan thoh-rá-sàp

marcar un número	หมุนหมายเลขโทรศัพท์	mǔn mǎai lâyk thoh-rá-sàp
¿Sí?, ¿Dígame?	สวัสดี!	sà-wàt-dee
preguntar (vt)	ถาม	thǎam
responder (vi, vt)	รับสาย	ráp sǎai

oír (vt)	ได้ยิน	dâai yin
bien (adv)	ดี	dee
mal (adv)	ไม่ดี	mâi dee
ruidos (m pl)	เสียงรบกวน	sǐang róp guan

auricular (m)	ตัวรับสัญญาณ	dtua ráp sǎn-yaan
descolgar (el teléfono)	รับสาย	ráp sǎai
colgar el auricular	วางสาย	waang sǎai

ocupado (adj)	ไม่ว่าง	mâi wâang
sonar (teléfono)	ดัง	dang
guía (f) de teléfonos	สมุดโทรศัพท์	sà-mùt thoh-rá-sàp

local (adj)	ในประเทศ	nai bprà-thâyt
llamada (f) local	โทรในประเทศ	thoh nai bprà-thâyt
de larga distancia	ระยะไกล	rá-yá glai
llamada (f) de larga distancia	โทรระยะไกล	thoh-rá-yá glai
internacional (adj)	ต่างประเทศ	dtàang bprà-thâyt
llamada (f) internacional	โทรต่างประเทศ	thoh dtàang bprà-thâyt

45. El teléfono celular

teléfono (m) móvil	มีอถือ	meu thěu
pantalla (f)	หน้าจอ	nâa jor
botón (m)	ปุ่ม	bpùm
tarjeta SIM (f)	ซิมการ์ด	sím gàat

pila (f)	แบตเตอรี่	bàet-dter-rêe
descargarse (vr)	หมด	mòt
cargador (m)	ที่ชาร์จ	thêe châat

menú (m)	เมนู	may-noo
preferencias (f pl)	การตั้งค่า	gaan dtâng khâa
melodía (f)	เสียงเพลง	sǐang phlayng
seleccionar (vt)	เลือก	lêuak
calculadora (f)	เครื่องคิดเลข	khrêuang khít lâyk
contestador (m)	ขอความเสียง	khôr khwaam sǐang
despertador (m)	นาฬิกาปลุก	naa-lí-gaa bplùk
contactos (m pl)	รายชื่อผู้ติดต่อ	raai chêu phôo dtìt dtòr

| mensaje (m) de texto | SMS | es-e-mes |
| abonado (m) | ผู้สมัครรับบริการ | phôo sà-màk ráp bor-rí-gaan |

46. Los artículos de escritorio

| bolígrafo (m) | ปากกาลูกลื่น | bpàak gaa lôok lêun |
| pluma (f) estilográfica | ปากกาหมึกซึม | bpàak gaa mèuk seum |

lápiz (f)	ดินสอ	din-sŏr
marcador (m)	ปากกาเน้น	bpàak gaa náyn
rotulador (m)	ปากกาเมจิค	bpàak gaa may jìk

| bloc (m) de notas | สมุดจด | sà-mùt jòt |
| agenda (f) | สมุดบันทึกรายวัน | sà-mùt ban-théuk raai wan |

regla (f)	ไม้บรรทัด	máai ban-thát
calculadora (f)	เครื่องคิดเลข	khrêuang khít lâyk
goma (f) de borrar	ยางลบ	yaang lóp
chincheta (f)	เป๊ก	bpáyk
clip (m)	ลวดหนีบกระดาษ	lûat nèep grà-dàat

pegamento (m)	กาว	gaao
grapadora (f)	ที่เย็บกระดาษ	thêe yép grà-dàat
perforador (m)	ที่เจาะรูกระดาษ	thêe jòr roo grà-dàat
sacapuntas (m)	ที่เหลาดินสอ	thêe lăo din-sŏr

47. Los idiomas extranjeros

lengua (f)	ภาษา	phaa-săa
extranjero (adj)	ต่างชาติ	dtàang châat
lengua (f) extranjera	ภาษาต่างชาติ	phaa-săa dtàang châat
estudiar (vt)	เรียน	rian
aprender (ingles, etc.)	เรียน	rian

leer (vi, vt)	อ่าน	àan
hablar (vi, vt)	พูด	phôot
comprender (vt)	เข้าใจ	khâo jai
escribir (vt)	เขียน	khĭan

rápidamente (adv)	รวดเร็ว	rûat reo
lentamente (adv)	อย่างช้า	yàang cháa
con fluidez (adv)	อย่างคล่อง	yàang khlôrng

reglas (f pl)	กฎ	gòt
gramática (f)	ไวยากรณ์	wai-yaa-gon
vocabulario (m)	คำศัพท์	kham sàp
fonética (f)	การออกเสียง	gaan òrk sĭang

manual (m)	หนังสือเรียน	năng-sĕu rian
diccionario (m)	พจนานุกรม	phót-jà-naa-nú-grom
manual (m) autodidáctico	หนังสือแบบเรียนด้วยตนเอง	năng-sĕu bàep rian dûay dton ayng
guía (f) de conversación	เฟรสบุก	frayt bùk

casete (m)	เทปคาสเซ็ตต์	thâyp khaas-sét
videocasete (f)	วิดีโอ	wí-dee-oh
CD (m)	CD	see-dee
DVD (m)	DVD	dee-wee-dee

alfabeto (m)	ตัวอักษร	dtua àk-sŏn
deletrear (vt)	สะกด	sà-gòt
pronunciación (f)	การออกเสียง	gaan òrk sĭang

acento (m)	สำเนียง	săm-niang
con acento	มีสำเนียง	mee săm-niang
sin acento	ไม่มีสำเนียง	mâi mee săm-niang
palabra (f)	คำ	kham
significado (m)	ความหมาย	khwaam măai
cursos (m pl)	หลักสูตร	làk sòot
inscribirse (vr)	สมัคร	sà-màk
profesor (m) (~ de inglés)	อาจารย์	aa-jaan
traducción (f) (proceso)	การแปล	gaan bplae
traducción (f) (texto)	คำแปล	kham bplae
traductor (m)	นักแปล	nák bplae
intérprete (m)	ล่าม	lâam
políglota (m)	ผู้รู้หลายภาษา	phôo róo lăai paa-săa
memoria (f)	ความทรงจำ	khwaam song jam

LAS COMIDAS. EL RESTAURANTE

48. Los cubiertos

cuchara (f)	ช้อน	chórn
cuchillo (m)	มีด	mêet
tenedor (m)	ส้อม	sôrm
taza (f)	แก้ว	gâew
plato (m)	จาน	jaan
platillo (m)	จานรอง	jaan rorng
servilleta (f)	ผ้าเช็ดปาก	phâa chét bpàak
mondadientes (m)	ไม้จิ้มฟัน	máai jîm fan

49. El restaurante

restaurante (m)	ร้านอาหาร	ráan aa-hăan
cafetería (f)	ร้านกาแฟ	ráan gaa-fae
bar (m)	ร้านเหล้า	ráan lâo
salón (m) de té	รานน้ำชา	ráan nám chaa
camarero (m)	คนเสิร์ฟชาย	khon sèrf chaai
camarera (f)	คนเสิร์ฟหญิง	khon sèrf yĭng
barman (m)	บาร์เทนเดอร์	baa-thayn-dêr
carta (f), menú (m)	เมนู	may-noo
carta (f) de vinos	รายการไวน์	raai gaan wai
reservar una mesa	จองโต๊ะ	jorng dtó
plato (m)	มื้ออาหาร	méu aa-hăan
pedir (vt)	สั่ง	sàng
hacer el pedido	สั่งอาหาร	sàng aa-hăan
aperitivo (m)	เครื่องดื่มเหล้า กอนอาหาร	khrêuang dèum lâo gòrn aa-hăan
entremés (m)	ของกินเล่น	khŏrng gin lâyn
postre (m)	ของหวาน	khŏrng wăan
cuenta (f)	คิดเงิน	khít ngern
pagar la cuenta	จ่ายค่าอาหาร	jàai khâa aa hăan
dar la vuelta	ให้เงินทอน	hâi ngern thorn
propina (f)	เงินทิป	ngern thíp

50. Las comidas

comida (f)	อาหาร	aa-hăan
comer (vi, vt)	กิน	gin

desayuno (m)	อาหารเช้า	aa-hǎan cháo
desayunar (vi)	ทานอาหารเช้า	thaan aa-hǎan cháo
almuerzo (m)	ข้าวเที่ยง	khâao thîang
almorzar (vi)	ทานอาหารเที่ยง	thaan aa-hǎan thîang
cena (f)	อาหารเย็น	aa-hǎan yen
cenar (vi)	ทานอาหารเย็น	thaan aa-hǎan yen
apetito (m)	ความอยากอาหาร	kwaam yàak aa hǎan
¡Que aproveche!	กินให้อร่อย!	gin hâi a-ròi
abrir (vt)	เปิด	bpèrt
derramar (líquido)	ทำหก	tham hòk
derramarse (líquido)	ทำหกออกมา	tham hòk òrk maa
hervir (vi)	ตุ๋ม	dtôm
hervir (vt)	ตุ๋ม	dtôm
hervido (agua ~a)	ตุ๋ม	dtôm
enfriar (vt)	แช่เย็น	châe yen
enfriarse (vr)	แช่เย็น	châe yen
sabor (m)	รสชาติ	rót châat
regusto (m)	รส	rót
adelgazar (vi)	ลดน้ำหนัก	lót nám nàk
dieta (f)	อาหารพิเศษ	aa-hǎan phí-sàyt
vitamina (f)	วิตามิน	wí-dtaa-min
caloría (f)	แคลอรี่	khae-lor-rêe
vegetariano (m)	คนกินเจ	khon gin jay
vegetariano (adj)	มังสวิรัติ	mang-sà-wí-rát
grasas (f pl)	ไขมัน	khǎi man
proteínas (f pl)	โปรตีน	bproh-dteen
carbohidratos (m pl)	คาร์โบไฮเดรต	kaa-boh-hai-dràyt
loncha (f)	แผ่น	phàen
pedazo (m)	ชิ้น	chín
miga (f)	เศษ	sàyt

51. Los platos al horno

plato (m)	มื้ออาหาร	méu aa-hǎan
cocina (f)	อาหาร	aa-hǎan
receta (f)	ตำราอาหาร	dtam-raa aa-hǎan
porción (f)	สวน	sùan
ensalada (f)	สลัด	sà-làt
sopa (f)	ซุป	súp
caldo (m)	ซุปน้ำใส	súp nám-sǎi
bocadillo (m)	แซนด์วิช	saen-wít
huevos (m pl) fritos	ไข่ทอด	khài thôrt
hamburguesa (f)	แฮมเบอร์เกอร์	haem-ber-gêr
bistec (m)	สเต็กเนื้อ	sà-dtèk néua

guarnición (f)	เครื่องเคียง	khrêuang khiang
espagueti (m)	สปาเก็ตตี้	sà-bpaa-gèt-dtêe
puré (m) de patatas	มันฝรั่งบด	man fà-ràng bòt
pizza (f)	พิซซ่า	phít-sâa
gachas (f pl)	ข้าวต้ม	khâao-dtôm
tortilla (f) francesa	ไข่เจียว	khài jieow

cocido en agua (adj)	ต้ม	dtôm
ahumado (adj)	รมควัน	rom khwan
frito (adj)	ทอด	thôrt
seco (adj)	ตากแห้ง	dtàak hâeng
congelado (adj)	แช่แข็ง	châe khǎeng
marinado (adj)	ดอง	dorng

azucarado (adj)	หวาน	wǎan
salado (adj)	เค็ม	khem
frío (adj)	เย็น	yen
caliente (adj)	ร้อน	rórn
amargo (adj)	ขม	khǒm
sabroso (adj)	อร่อย	à-ròi

cocer en agua	ต้ม	dtôm
preparar (la cena)	ทำอาหาร	tham aa-hǎan
freír (vt)	ทอด	thôrt
calentar (vt)	อุ่น	ùn

salar (vt)	ใส่เกลือ	sài gleua
poner pimienta	ใส่พริกไทย	sài phrík thai
rallar (vt)	ขูด	khòot
piel (f)	เปลือก	bplèuak
pelar (vt)	ปอกเปลือก	bpòrk bplêuak

52. La comida

carne (f)	เนื้อ	néua
gallina (f)	ไก่	gài
pollo (m)	เนื้อลูกไก่	néua lôok gài
pato (m)	เป็ด	bpèt
ganso (m)	ห่าน	hàan
caza (f) menor	สัตว์ที่ล่า	sàt thêe lâa
pava (f)	ไก่งวง	gài nguang

carne (f) de cerdo	เนื้อหมู	néua mǒo
carne (f) de ternera	เนื้อลูกวัว	néua lôok wua
carne (f) de carnero	เนื้อแกะ	néua gàe
carne (f) de vaca	เนื้อวัว	néua wua
conejo (m)	เนื้อกระต่าย	néua grà-dtàai

salchichón (m)	ไส้กรอก	sâi gròrk
salchicha (f)	ไส้กรอกเวียนนา	sâi gròrk wian-naa
beicon (m)	หมูเบคอน	mǒo bay-khorn
jamón (m)	แฮม	haem
jamón (m) fresco	แฮมแกมมอน	haem gaem-morn
paté (m)	ปาเต	bpaa dtay

hígado (m)	ตับ	dtàp
carne (f) picada	เนื้อสับ	néua sàp
lengua (f)	ลิ้น	lín
huevo (m)	ไข่	khài
huevos (m pl)	ไข่	khài
clara (f)	ไข่ขาว	khài khǎao
yema (f)	ไข่แดง	khài daeng
pescado (m)	ปลา	bplaa
mariscos (m pl)	อาหารทะเล	aa hǎan thá-lay
crustáceos (m pl)	สัตว์พวกกุ้งกั้งปู	sàt phûak gûng gâng bpoo
caviar (m)	ไข่ปลา	khài-bplaa
cangrejo (m) de mar	ปู	bpoo
camarón (m)	กุ้ง	gûng
ostra (f)	หอยนางรม	hǒi naang rom
langosta (f)	กุ้งมังกร	gûng mang-gon
pulpo (m)	ปลาหมึก	bplaa mèuk
calamar (m)	ปลาหมึกกล้วย	bplaa mèuk-glûay
esturión (m)	ปลาสเตอร์เจียน	bpláa sà-dtêr jian
salmón (m)	ปลาแซลมอน	bplaa saen-morn
fletán (m)	ปลาตาเดียว	bplaa dtaa-dieow
bacalao (m)	ปลาค็อด	bplaa khót
caballa (f)	ปลาแม็คเคอเร็ล	bplaa máek-kay-a-rěn
atún (m)	ปลาทูน่า	bplaa thoo-nâa
anguila (f)	ปลาไหล	bplaa lǎi
trucha (f)	ปลาเทราท์	bplaa thrau
sardina (f)	ปลาซาร์ดีน	bplaa saa-deen
lucio (m)	ปลาไพค์	bplaa phai
arenque (m)	ปลาเฮอร์ริง	bplaa her-ring
pan (m)	ขนมปัง	khà-nǒm bpang
queso (m)	เนยแข็ง	noie khǎeng
azúcar (m)	น้ำตาล	nám dtaan
sal (f)	เกลือ	gleua
arroz (m)	ข้าว	khâao
macarrones (m pl)	พาสต้า	phâat-dtâa
tallarines (m pl)	ก๋วยเตี๋ยว	gǔay-dtǐeow
mantequilla (f)	เนย	noie
aceite (m) vegetal	น้ำมันพืช	nám man phêut
aceite (m) de girasol	น้ำมันดอกทานตะวัน	nám man dòrk thaan dtà-wan
margarina (f)	เนยเทียม	noie thiam
olivas (f pl)	มะกอก	má-gòrk
aceite (m) de oliva	น้ำมันมะกอก	nám man má-gòrk
leche (f)	นม	nom
leche (f) condensada	นมข้น	nom khôn
yogur (m)	โยเกิร์ต	yoh-gèrt
nata (f) agria	ซาวร์ครีม	saao khreem

nata (f) líquida	ครีม	khreem
mayonesa (f)	มายองเนส	maa-yorng-nâyt
crema (f) de mantequilla	สวนผสมของเนย และน้ำตาล	sùan phà-sŏm khŏrng noie láe nám dtaan
cereal molido grueso	เมล็ดธัญพืช	má-lét than-yá-phêut
harina (f)	แป้ง	bpáeng
conservas (f pl)	อาหารกระป๋อง	aa-hăan grà-bpŏrng
copos (m pl) de maíz	คอร์นเฟลค	khorn-flâyk
miel (f)	น้ำผึ้ง	nám phêung
confitura (f)	แยม	yaem
chicle (m)	หมากฝรั่ง	màak fà-ràng

53. Las bebidas

agua (f)	น้ำ	nám
agua (f) potable	น้ำดื่ม	nám dèum
agua (f) mineral	น้ำแร่	nám râe
sin gas	ไม่มีฟอง	mâi mee forng
gaseoso (adj)	น้ำอัดลม	nám àt lom
con gas	มีฟอง	mee forng
hielo (m)	น้ำแข็ง	nám khăeng
con hielo	ใส่น้ำแข็ง	sài nám khăeng
sin alcohol	ไม่มีแอลกอฮอล์	mâi mee aen-gor-hor
bebida (f) sin alcohol	เครื่องดื่มที่ไม่มีแอลกอฮอล์	krêuang dèum têe mâi mee aen-gor-hor
refresco (m)	เครื่องดื่มให้ความสดชื่น	khrêuang dèum hâi khwaam sòt chêun
limonada (f)	น้ำเลมอนเนด	nám lay-morn-nâyt
bebidas (f pl) alcohólicas	เหล้า	lâu
vino (m)	ไวน์	wai
vino (m) blanco	ไวน์ขาว	wai khăao
vino (m) tinto	ไวน์แดง	wai daeng
licor (m)	สุรา	sù-raa
champaña (f)	แชมเปญ	chaem-bpayn
vermú (m)	เหลาองุ่นขาวซึ่งมีกลิ่นหอม	lâo a-ngùn khăao sêung mee glìn hŏrm
whisky (m)	เหล้าวิสกี้	lâu wít-sa -gêe
vodka (m)	เหล้าวอดก้า	lâu wórt-gâa
ginebra (f)	เหล้ายิน	lâu yin
coñac (m)	เหล้าคอนยัก	lâu khorn yák
ron (m)	เหล้ารัม	lâu ram
café (m)	กาแฟ	gaa-fae
café (m) solo	กาแฟดำ	gaa-fae dam
café (m) con leche	กาแฟใส่นม	gaa-fae sài nom
capuchino (m)	กาแฟคาปูชิโน	gaa-fae khaa bpoo chí noh
café (m) soluble	กาแฟสำเร็จรูป	gaa-fae săm-rèt rôop

leche (f)	นม	nom
cóctel (m)	ค็อกเทล	khók-tayn
batido (m)	มิลค์เชค	min-châyk
zumo (m), jugo (m)	น้ำผลไม้	nám phŏn-lá-máai
jugo (m) de tomate	น้ำมะเขือเทศ	nám má-khĕua thâyt
zumo (m) de naranja	น้ำส้ม	nám sôm
zumo (m) fresco	น้ำผลไม้คั้นสด	nám phŏn-lá-máai khán sòt
cerveza (f)	เบียร์	bia
cerveza (f) rubia	เบียร์ไลท์	bia lai
cerveza (f) negra	เบียร์ดารค	bia dàak
té (m)	ชา	chaa
té (m) negro	ชาดำ	chaa dam
té (m) verde	ชาเขียว	chaa khĭeow

54. Las verduras

legumbres (f pl)	ผัก	phàk
verduras (f pl)	ผักใบเขียว	phàk bai khĭeow
tomate (m)	มะเขือเทศ	má-khĕua thâyt
pepino (m)	แตงกวา	dtaeng-gwaa
zanahoria (f)	แครอท	khae-rót
patata (f)	มันฝรั่ง	man fà-ràng
cebolla (f)	หัวหอม	hŭa hŏrm
ajo (m)	กระเทียม	grà-thiam
col (f)	กะหล่ำปลี	gà-làm bplee
coliflor (f)	ดอกกะหล่ำ	dòrk gà-làm
col (f) de Bruselas	กะหล่ำดาว	gà-làm-daao
brócoli (m)	บร็อคโคลี่	bròrk-khoh-lêe
remolacha (f)	บีทรูท	bee-trôot
berenjena (f)	มะเขือยาว	má-khĕua-yaao
calabacín (m)	แตงซูคินี	dtaeng soo-khí-nee
calabaza (f)	ฟักทอง	fák-thorng
nabo (m)	หัวผักกาด	hŭa-phàk-gàat
perejil (m)	ผักชีฝรั่ง	phàk chee fà-ràng
eneldo (m)	ผักชีลาว	phàk-chee-laao
lechuga (f)	ผักกาดหอม	phàk gàat hŏrm
apio (m)	คื่นช่าย	khêun-châai
espárrago (m)	หน่อไม้ฝรั่ง	nòr máai fà-ràng
espinaca (f)	ผักขม	phàk khŏm
guisante (m)	ถั่วลันเตา	thùa-lan-dtao
habas (f pl)	ถั่ว	thùa
maíz (m)	ข้าวโพด	khâao-phôht
fréjol (m)	ถั่วรูปไต	thùa rôop dtai
pimentón (m)	พริกหยวก	phrík-yùak
rábano (m)	หัวไชเท้า	hŭa chai tháo
alcachofa (f)	อาร์ติโชค	aa dtì chôhk

55. Las frutas. Las nueces

fruto (m)	ผลไม้	phǒn-lá-máai
manzana (f)	แอปเปิ้ล	àep-bpêrn
pera (f)	แพร	phae
limón (m)	มะนาว	má-naao
naranja (f)	ส้ม	sôm
fresa (f)	สตรอว์เบอร์รี่	sà-dtror-ber-rêe
mandarina (f)	ส้มแมนดาริน	sôm maen daa rin
ciruela (f)	พลัม	phlam
melocotón (m)	ลูกทอ	lôok thór
albaricoque (m)	แอปริคอท	ae-bprì-khôrt
frambuesa (f)	ราสเบอร์รี่	râat-ber-rêe
ananás (m)	สับปะรด	sàp-bpà-rót
banana (f)	กล้วย	glûay
sandía (f)	แตงโม	dtaeng moh
uva (f)	องุ่น	a-ngùn
guinda (f)	เชอร์รี่	cher-rêe
cereza (f)	เชอร์รี่ป่า	cher-rêe bpàa
melón (m)	เมลอน	may-lorn
pomelo (m)	ส้มโอ	sôm oh
aguacate (m)	อะโวคาโด	a-who-khaa-doh
papaya (m)	มะละกอ	má-lá-gor
mango (m)	มะม่วง	má-mûang
granada (f)	ทับทิม	tháp-thim
grosella (f) roja	เรดเคอร์แรนท์	râyt-khêr-raen
grosella (f) negra	แบล็คเคอูรแรนท์	blàek khêr-raen
grosella (f) espinosa	กูสเบอร์รี่	gòot-ber-rêe
arándano (m)	บิลเบอร์รี่	bil-ber-rêe
zarzamoras (f pl)	แบล็คเบอร์รี่	blàek ber-rêe
pasas (f pl)	ลูกเกด	lôok gàyt
higo (m)	มะเดื่อฝรั่ง	má dèua fà-ràng
dátil (m)	ลูกอินทผลัม	lôok in-thá-plǎm
cacahuete (m)	ถั่วลิสง	thùa-lí-sǒng
almendra (f)	อัลมอนด์	an-morn
nuez (f)	วอลนัต	wor-lá-nát
avellana (f)	เฮเซลนัท	hay sayn nát
nuez (f) de coco	มะพร้าว	má-phráao
pistachos (m pl)	ถั่วพิสตาชิโอ	thùa phít dtaa chí oh

56. El pan. Los dulces

pasteles (m pl)	ขนม	khà-nǒm
pan (m)	ขนมปัง	khà-nǒm bpang
galletas (f pl)	คุกกี้	khúk-gêe
chocolate (m)	ช็อกโกแลต	chók-goh-láet
de chocolate (adj)	ช็อกโกแลต	chók-goh-láet

caramelo (m)	ลูกกวาด	lôok gwàat
tarta (f) (pequeña)	ขนมเค้ก	khà-nǒm kháyk
tarta (f) (~ de cumpleaños)	ขนมเค้ก	khà-nǒm kháyk

| pastel (m) (~ de manzana) | ขนมพาย | khà-nǒm phaai |
| relleno (m) | ไส้ในขนม | sâi nai khà-nǒm |

confitura (f)	แยม	yaem
mermelada (f)	แยมผิวส้ม	yaem phǐw sôm
gofre (m)	วาฟเฟิล	waaf-fern
helado (m)	ไอศกรีม	ai-sà-greem
pudín (f)	พุดดิ้ง	phút-dîng

57. Las especias

sal (f)	เกลือ	gleua
salado (adj)	เค็ม	khem
salar (vt)	ใส่เกลือ	sài gleua

pimienta (f) negra	พริกไทย	phrík thai
pimienta (f) roja	พริกแดง	phrík daeng
mostaza (f)	มัสตาร์ด	mát-dtàat
rábano (m) picante	ฮอสแรดิช	hórt rae dìt

condimento (m)	เครื่องปรุงรส	khrêuang bprung rót
especia (f)	เครื่องเทศ	khrêuang thâyt
salsa (f)	ซอส	sós
vinagre (m)	น้ำสมสายชู	nám sôm sǎai choo

anís (m)	เทียนสัตตบุษย์	thian-sàt-dtà-bùt
albahaca (f)	ใบโหระพา	bai hǒh rá phaa
clavo (m)	กานพลู	gaan-phloo
jengibre (m)	ขิง	khǐng
cilantro (m)	ผักชีลา	pàk-chee-laa
canela (f)	อบเชย	òp-choie

sésamo (m)	งา	ngaa
hoja (f) de laurel	ใบกระวาน	bai grà-waan
paprika (f)	พริกป่น	phrík bpòn
comino (m)	เทียนตากบ	thian dtaa gòp
azafrán (m)	หญ้าฝรั่น	yâa fà-ràn

LA INFORMACIÓN PERSONAL. LA FAMILIA

58. La información personal. Los formularios

nombre (m)	ชื่อ	chêu
apellido (m)	นามสกุล	naam sà-gun
fecha (f) de nacimiento	วันเกิด	wan gèrt
lugar (m) de nacimiento	สถานที่เกิด	sà-thăan thêe gèrt
nacionalidad (f)	สัญชาติ	săn-châat
domicilio (m)	ที่อยู่อาศัย	thêe yòo aa-săi
país (m)	ประเทศ	bprà-thâyt
profesión (f)	อาชีพ	aa-chêep
sexo (m)	เพศ	phâyt
estatura (f)	ความสูง	khwaam sŏong
peso (m)	น้ำหนัก	nám nàk

59. Los familiares. Los parientes

madre (f)	มารดา	maan-daa
padre (m)	บิดา	bì-daa
hijo (m)	ลูกชาย	lôok chaai
hija (f)	ลูกสาว	lôok săao
hija (f) menor	ลูกสาวคนเล็ก	lôok săao khon lék
hijo (m) menor	ลูกชายคนเล็ก	lôok chaai khon lék
hija (f) mayor	ลูกสาวคนโต	lôok săao khon dtoh
hijo (m) mayor	ลูกชายคนโต	lôok chaai khon dtoh
hermano (m) mayor	พี่ชาย	phêe chaai
hermano (m) menor	น้องชาย	nórng chaai
hermana (f) mayor	พี่สาว	phêe săao
hermana (f) menor	น้องสาว	nórng săao
primo (m)	ลูกพี่ลูกน้อง	lôok phêe lôok nórng
prima (f)	ลูกพี่ลูกน้อง	lôok phêe lôok nórng
mamá (f)	แม่	mâe
papá (m)	พ่อ	phôr
padres (m pl)	พ่อแม่	phôr mâe
niño -a (m, f)	เด็ก, ลูก	dèk, lôok
niños (m pl)	เด็กๆ	dèk dèk
abuela (f)	ย่า, ยาย	yâa, yaai
abuelo (m)	ปู่, ตา	bpòo, dtaa
nieto (m)	หลานชาย	lăan chaai
nieta (f)	หลานสาว	lăan săao

nietos (m pl)	หลานๆ	lǎan
tío (m)	ลุง	lung
tía (f)	ป้า	bpâa
sobrino (m)	หลานชาย	lǎan chaai
sobrina (f)	หลานสาว	lǎan sǎao

suegra (f)	แม่ยาย	mâe yaai
suegro (m)	พอสามี	phôr sǎa-mee
yerno (m)	ลูกเขย	lôok khǒie
madrastra (f)	แม่เลี้ยง	mâe líang
padrastro (m)	พอเลี้ยง	phôr líang

niño (m) de pecho	ทารก	thaa-rók
bebé (m)	เด็กเล็ก	dèk lék
chico (m)	เด็ก	dèk

mujer (f)	ภรรยา	phan-rá-yaa
marido (m)	สามี	sǎa-mee
esposo (m)	สามี	sǎa-mee
esposa (f)	ภรรยา	phan-rá-yaa

casado (adj)	แต่งงานแล้ว	dtàeng ngaan láew
casada (adj)	แตงงานแลว	dtàeng ngaan láew
soltero (adj)	เป็นโสด	bpen sòht
soltero (m)	ชายโสด	chaai sòht
divorciado (adj)	หย่าแล้ว	yàa láew
viuda (f)	แม่หม้าย	mâe mâai
viudo (m)	พอหม้าย	phôr mâai

pariente (m)	ญาติ	yâat
pariente (m) cercano	ญาติใกล้ชิด	yâat glâi chít
pariente (m) lejano	ญาติห่างๆ	yâat hàang hàang
parientes (m pl)	ญาติๆ	yâat

huérfano (m)	เด็กชายกำพร้า	dèk chaai gam phráa
huérfana (f)	เด็กหญิงกำพรา	dèk yǐng gam phráa
tutor (m)	ผู้ปกครอง	phôo bpòk khrorng
adoptar (un niño)	บุญธรรม	bun tham
adoptar (una niña)	บุญธรรม	bun tham

60. Los amigos. Los compañeros del trabajo

amigo (m)	เพื่อน	phêuan
amiga (f)	เพื่อน	phêuan
amistad (f)	มิตรภาพ	mít-dtrà-phâap
ser amigo	เป็นเพื่อน	bpen phêuan

amigote (m)	เพื่อนสนิท	phêuan sà-nìt
amiguete (f)	เพื่อนสนิท	phêuan sà-nìt
compañero (m)	หุนสวน	hûn sùan

jefe (m)	หัวหน้า	hǔa-nâa
superior (m)	ผู้บังคับบัญชา	phôo bang-kháp ban-chaa
propietario (m)	เจาของ	jâo khǒrng

subordinado (m)	ลูกน้อง	lôok nórng
colega (m, f)	เพื่อนรวมงาน	phêuan rûam ngaan
conocido (m)	ผู้คุ้นเคย	phôo khún khoie
compañero (m) de viaje	เพื่อนรวมทาง	pêuan rûam thaang
condiscípulo (m)	เพื่อนรุ่น	phêuan rûn
vecino (m)	เพื่อนบ้านผู้ชาย	phêuan bâan pôo chaai
vecina (f)	เพื่อนบ้านผู้หญิง	phêuan bâan phôo yǐng
vecinos (m pl)	เพื่อนบ้าน	phêuan bâan

EL CUERPO. LA MEDICINA

61. La cabeza

cabeza (f)	หัว	hǔa
cara (f)	หน้า	nâa
nariz (f)	จมูก	jà-mòok
boca (f)	ปาก	bpàak
ojo (m)	ตา	dtaa
ojos (m pl)	ตาๆ	dtaa
pupila (f)	รูม่านตา	roo mâan dtaa
ceja (f)	คิ้ว	khíw
pestaña (f)	ขนตา	khǒn dtaa
párpado (m)	เปลือกตา	bplèuak dtaa
lengua (f)	ลิ้น	lín
diente (m)	ฟัน	fan
labios (m pl)	ริมฝีปาก	rim fěe bpàak
pómulos (m pl)	โหนกแก้ม	nòhk gâem
encía (f)	เหงือก	ngèuak
paladar (m)	เพดานปาก	phay-daan bpàak
ventanas (f pl)	รูจมูก	roo jà-mòok
mentón (m)	คาง	khaang
mandíbula (f)	ขากรรไกร	khǎa gan-grai
mejilla (f)	แก้ม	gâem
frente (f)	หน้าผาก	nâa phàak
sien (f)	ขมับ	khà-màp
oreja (f)	หู	hǒo
nuca (f)	หลังศีรษะ	lǎng sěe-sà
cuello (m)	คอ	khor
garganta (f)	ลำคอ	lam khor
pelo, cabello (m)	ผม	phǒm
peinado (m)	ทรงผม	song phǒm
corte (m) de pelo	ทรงผม	song phǒm
peluca (f)	ผมปลอม	phǒm bplorm
bigote (m)	หนวด	nùat
barba (f)	เคราๆ	krao
tener (~ la barba)	ลองไว้	lorng wái
trenza (f)	ผมเปีย	phǒm bpia
patillas (f pl)	จอน	jorn
pelirrojo (adj)	ผมแดง	phǒm daeng
gris, canoso (adj)	ผมหงอก	phǒm ngòrk
calvo (adj)	หัวล้าน	hǔa láan
calva (f)	หัวล้าน	hǔa láan

| cola (f) de caballo | ผมทรงหางม้า | phŏm song hăang máa |
| flequillo (m) | ผมม้า | phŏm máa |

62. El cuerpo

| mano (f) | มือ | meu |
| brazo (m) | แขน | khăen |

dedo (m)	นิ้ว	níw
dedo (m) del pie	นิ้วเท้า	níw tháo
dedo (m) pulgar	นิ้วโป้ง	níw bpôhng
dedo (m) meñique	นิ้วก้อย	níw gôi
uña (f)	เล็บ	lép

puño (m)	กำปั้น	gam bpân
palma (f)	ฝ่ามือ	fàa meu
muñeca (f)	ข้อมือ	khôr meu
antebrazo (m)	แขนช่วงล่าง	khăen chûang lâang
codo (m)	ข้อศอก	khôr sòrk
hombro (m)	ไหล่	lài

pierna (f)	ขา	khăa
planta (f)	เท้า	tháo
rodilla (f)	หัวเข่า	hŭa khào
pantorrilla (f)	น่อง	nôrng
cadera (f)	สะโพก	sà-phôhk
talón (m)	ส้นเท้า	sôn tháo

cuerpo (m)	ร่างกาย	râang gaai
vientre (m)	ท้อง	thórng
pecho (m)	อก	òk
seno (m)	หน้าอก	nâa òk
lado (m), costado (m)	ข้าง	khâang
espalda (f)	หลัง	lăng
zona (f) lumbar	หลังส่วนล่าง	lăng sùan lâang
cintura (f), talle (m)	เอว	eo

ombligo (m)	สะดือ	sà-deu
nalgas (f pl)	ก้น	gôn
trasero (m)	ก้น	gôn

lunar (m)	ไฝเสน่ห์	făi sà-này
marca (f) de nacimiento	ปาน	bpaan
tatuaje (m)	รอยสัก	roi sàk
cicatriz (f)	แผลเป็น	phlăe bpen

63. Las enfermedades

enfermedad (f)	โรค	rôhk
estar enfermo	ป่วย	bpùay
salud (f)	สุขภาพ	sùk-khà-phâap
resfriado (m) (coriza)	น้ำมูกไหล	nám môok lăi

angina (f)	ต่อมทอนซิลอักเสบ	dtòm thorn-sin àk-sàyp
resfriado (m)	หวัด	wàt
resfriarse (vr)	เป็นหวัด	bpen wàt
bronquitis (f)	โรคหลอดลมอักเสบ	rôhk lòrt lom àk-sàyp
pulmonía (f)	โรคปอดบวม	rôhk bpòrt-buam
gripe (f)	ไข้หวัดใหญ่	khâi wàt yài
miope (adj)	สายตาสั้น	săai dtaa sân
présbita (adj)	สายตายาว	săai dtaa yaao
estrabismo (m)	ตาเหล่	dtaa lày
estrábico (m) (adj)	เป็นตาเหล่	bpen dtaa kăy rĕu lày
catarata (f)	ต้อกระจก	dtôr grà-jòk
glaucoma (f)	ต้อหิน	dtôr hĭn
insulto (m)	โรคหลอดเลือดสมอง	rôhk lòrt lêuat sà-mŏrng
ataque (m) cardiaco	อาการหัวใจวาย	aa-gaan hŭa jai waai
infarto (m) de miocardio	กล้ามเนื้อหัวใจตาย	glâam néua hŭa jai dtaai
	เหตุขาดเลือด	hàyt khàat lêuat
parálisis (f)	อัมพาต	am-má-phâat
paralizar (vt)	ทำให้เป็นอัมพาต	tham hâi bpen am-má-phâat
alergia (f)	ภูมิแพ้	phoom pháe
asma (f)	โรคหืด	rôhk hèut
diabetes (m)	โรคเบาหวาน	rôhk bao wăan
dolor (m) de muelas	อาการปวดฟัน	aa-gaan bpùat fan
caries (f)	ฟันผุ	fan phù
diarrea (f)	อาการท้องเสีย	aa-gaan thórng sĭa
estreñimiento (m)	อาการท้องผูก	aa-gaan thórng phòok
molestia (f) estomacal	อาการปวดท้อง	aa-gaan bpùat thórng
envenenamiento (m)	ภาวะอาหารเป็นพิษ	phaa-wá aa hăan bpen pít
envenenarse (vr)	กินอาหารเป็นพิษ	gin aa hăan bpen phít
artritis (f)	โรคข้ออักเสบ	rôhk khôr àk-sàyp
raquitismo (m)	โรคกระดูกอ่อน	rôhk grà-dòok òrn
reumatismo (m)	โรครูมาติก	rôhk roo-maa-dtìk
ateroesclerosis (f)	ภาวะหลอดเลือดแข็ง	phaa-wá lòrt lêuat khăeng
gastritis (f)	โรคกระเพาะอาหาร	rôhk grà-phór aa-hăan
apendicitis (f)	ไส้ติ่งอักเสบ	sâi dtìng àk-sàyp
colecistitis (m)	โรคถุงน้ำดีอักเสบ	rôhk thŭng nám dee àk-sàyp
úlcera (f)	แผลเปื่อย	phlăe bpèuay
sarampión (m)	โรคหัด	rôhk hàt
rubeola (f)	โรคหัดเยอรมัน	rôhk hàt yer-rá-man
ictericia (f)	โรคดีซ่าน	rôhk dee sâan
hepatitis (f)	โรคตับอักเสบ	rôhk dtàp àk-sàyp
esquizofrenia (f)	โรคจิตเภท	rôhk jìt-dtà-phâyt
rabia (f) (hidrofobia)	โรคพิษสุนัขบ้า	rôhk phít sù-nák bâa
neurosis (f)	โรคประสาท	rôhk bprà-sàat
conmoción (m) cerebral	สมองกระทบ	sà-mŏrng grà-thóp
	กระเทือน	grà-theuan
cáncer (m)	มะเร็ง	má-reng

esclerosis (f)	กาวรแข็งตัวของ เนื้อเยื่อรางกาย	gaan kǎeng dtua kǒng néua yêua râang gaai
esclerosis (m) múltiple	โรคปลอกประสาท เสื่อมแข็ง	rôhk bplòk bprà-sàat sèuam kǎeng
alcoholismo (m)	โรคพิษสุราเรื้อรัง	rôhk phít sù-raa réua rang
alcohólico (m)	คนขี้เหลา	khon khêe lâo
sífilis (f)	โรคซิฟิลิส	rôhk sí-fí-lít
SIDA (f)	โรคเอดส	rôhk àyt
tumor (m)	เนื้องอก	néua ngôk
maligno (adj)	ราย	ráai
benigno (adj)	ไมราย	mâi ráai
fiebre (f)	ไข	khâi
malaria (f)	ไขมาลาเรีย	kâi maa-laa-ria
gangrena (f)	เนื้อตายเนา	néua dtaai nâo
mareo (m)	ภาวะเมาคลื่น	phaa-wá mao khlêun
epilepsia (f)	โรคลมบาหมู	rôhk lom bâa-mǒo
epidemia (f)	โรคระบาด	rôhk rá-bàat
tifus (m)	โรครากสาดใหญ่	rôhk râak-sàat yài
tuberculosis (f)	วัณโรค	wan-ná-rôhk
cólera (f)	อหิวาตกโรค	a-hì-wâat-gà-rôhk
peste (f)	กาฬโรค	gaan-lá-rôhk

64. Los síntomas. Los tratamientos. Unidad 1

síntoma (m)	อาการ	aa-gaan
temperatura (f)	อุณหภูมิ	un-hà-phoom
fiebre (f)	อุณหภูมิสูง	un-hà-phoom sǒong
pulso (m)	ชีพจร	chêep-phá-jon
mareo (m) (vértigo)	อาการเวียนหัว	aa-gaan wian hǔa
caliente (adj)	รอน	rórn
escalofrío (m)	หนาวสั่น	nǎao sàn
pálido (adj)	หนาเชียว	nâa sieow
tos (f)	การไอ	gaan ai
toser (vi)	ไอ	ai
estornudar (vi)	จาม	jaam
desmayo (m)	การเป็นลม	gaan bpen lom
desmayarse (vr)	เป็นลม	bpen lom
moradura (f)	ฟกช้ำ	fók chám
chichón (m)	บวม	buam
golpearse (vr)	ชน	chon
magulladura (f)	รอยฟกช้ำ	roi fók chám
magullarse (vr)	ไดรอยช้ำ	dâai roi chám
cojear (vi)	กะโผลกกะเผลก	gà-phlòhk-gà-phlàyk
dislocación (f)	ขอหลุด	khôr lùt
dislocar (vt)	ทำขอหลุด	tham khôr lùt
fractura (f)	กระดูกหัก	grà-dòok hàk

tener una fractura	หักกระดูก	hàk grà-dòok
corte (m) (tajo)	รอยบาด	roi bàat
cortarse (vr)	ทำบาด	tham bàat
hemorragia (f)	การเลือดไหล	gaan lêuat lăi

| quemadura (f) | แผลไฟไหม้ | phlăe fai mâi |
| quemarse (vr) | ได้รับแผลไฟไหม้ | dâai ráp phlăe fai mâi |

pincharse (el dedo)	ตำ	dtam
pincharse (vr)	ตำตัวเอง	dtam dtua ayng
herir (vt)	ทำให้บาดเจ็บ	tham hâi bàat jèp
herida (f)	การบาดเจ็บ	gaan bàat jèp
lesión (f) (herida)	แผล	phlăe
trauma (m)	แผลบาดเจ็บ	phlăe bàat jèp

delirar (vi)	คลุ้มคลั่ง	khlúm khlâng
tartamudear (vi)	พูดตะกุกตะกัก	phôot dtà-gùk-dtà-gàk
insolación (f)	โรคลมแดด	rôhk lom dàet

65. Los síntomas. Los tratamientos. Unidad 2

| dolor (m) | ความเจ็บปวด | khwaam jèp bpùat |
| astilla (f) | เสี้ยน | sîan |

sudor (m)	เหงื่อ	ngèua
sudar (vi)	เหงื่อออก	ngèua òrk
vómito (m)	การอาเจียน	gaan aa-jian
convulsiones (f)	การชัก	gaan chák

embarazada (adj)	ตั้งครรภ์	dtâng khan
nacer (vi)	เกิด	gèrt
parto (m)	การคลอด	gaan khlôrt
dar a luz	คลอดบุตร	khlôrt bùt
aborto (m)	การแท้งบุตร	gaan tháeng bùt

respiración (f)	การหายใจ	gaan hăai-jai
inspiración (f)	การหายใจเข้า	gaan hăai-jai khâo
espiración (f)	การหายใจออก	gaan hăai-jai òrk
espirar (vi)	หายใจออก	hăai-jai òrk
inspirar (vi)	หายใจเข้า	hăai-jai khâo

inválido (m)	คนพิการ	khon phí-gaan
mutilado (m)	พิการ	phí-gaan
drogadicto (m)	ผู้ติดยาเสพติด	phôo dtìt yaa-sàyp-dtìt

sordo (adj)	หูหนวก	hŏo nùak
mudo (adj)	เป็นใบ้	bpen bâi
sordomudo (adj)	หูหนวกเป็นใบ้	hŏo nùak bpen bâi

loco (adj)	บ้า	bâa
loco (m)	คนบ้า	khon bâa
loca (f)	คนบ้า	khon bâa
volverse loco	เสียสติ	sĭa sà-dtì
gen (m)	ยีน	yeun

inmunidad (f)	ภูมิคุ้มกัน	phoom khúm gan
hereditario (adj)	เป็นกรรมพันธุ์	bpen gam-má-phan
de nacimiento (adj)	แต่กำเนิด	dtàe gam-nèrt

virus (m)	เชื้อไวรัส	chéua wai-rát
microbio (m)	จุลินทรีย์	jù-lin-see
bacteria (f)	แบคทีเรีย	bàek-tee-ria
infección (f)	การติดเชื้อ	gaan dtìt chéua

66. Los síntomas. Los tratamientos. Unidad 3

| hospital (m) | โรงพยาบาล | rohng phá-yaa-baan |
| paciente (m) | ผู้ป่วย | phôo bpùay |

diagnosis (f)	การวินิจฉัยโรค	gaan wí-nít-chǎi rôhk
cura (f)	การรักษา	gaan rák-sǎa
tratamiento (m)	การรักษา ทางการแพทย์	gaan rák-sǎa thaang gaan phâet
curarse (vr)	รับการรักษา	ráp gaan rák-sǎa
tratar (vt)	รักษา	rák-sǎa

| cuidar (a un enfermo) | รักษา | rák-sǎa |
| cuidados (m pl) | การดูแลรักษา | gaan doo lae rák-sǎa |

operación (f)	การผ่าตัด	gaan phàa dtàt
vendar (vt)	พันแผล	phan phlǎe
vendaje (m)	การพันแผล	gaan phan phlǎe

| vacunación (f) | การฉีดวัคซีน | gaan chèet wák-seen |
| vacunar (vt) | ฉีดวัคซีน | chèet wák-seen |

| inyección (f) | การฉีดยา | gaan chèet yaa |
| aplicar una inyección | ฉีดยา | chèet yaa |

ataque (m)	มีอาการเฉียบพลัน	mee aa-gaan chìap phlan
amputación (f)	การตัดอวัยวะออก	gaan dtàt a-wai-wá òrk
amputar (vt)	ตัด	dtàt
coma (m)	อาการโคม่า	aa-gaan khoh-mâa

| estar en coma | อยู่ในอาการโคม่า | yòo nai aa-gaan khoh-mâa |
| revitalización (f) | หน่วยอภิบาล | nùay à-phí-baan |

| recuperarse (vr) | ฟื้นตัว | féun dtua |
| estado (m) (de salud) | อาการ | aa-gaan |

| consciencia (f) | สติสัมปชัญญะ | sà-dtì sǎm-bpà-chan-yá |
| memoria (f) | ความทรงจำ | khwaam song jam |

extraer (un diente)	ถอน	thǒrn
empaste (m)	การอุด	gaan ùt
empastar (vt)	อุด	ùt

| hipnosis (f) | การสะกดจิต | gaan sà-gòt jìt |
| hipnotizar (vt) | สะกดจิต | sà-gòt jìt |

67. La medicina. Las drogas. Los accesorios

medicamento (m), droga (f)	ยา	yaa
remedio (m)	ยา	yaa
prescribir (vt)	จ่ายยา	jàai yaa
receta (f)	ใบสั่งยา	bai sàng yaa
tableta (f)	ยาเม็ด	yaa mét
ungüento (m)	ยาทา	yaa thaa
ampolla (f)	หลอดยา	lòrt yaa
mixtura (f), mezcla (f)	ยาส่วนผสม	yaa sùan phà-sŏm
sirope (m)	น้ำเชื่อม	nám chêuam
píldora (f)	ยาเม็ด	yaa mét
polvo (m)	ยาผง	yaa phŏng
venda (f)	ผ้าพันแผล	phâa phan phlăe
algodón (m) (discos de ~)	สำลี	săm-lee
yodo (m)	ไอโอดีน	ai oh-deen
tirita (f), curita (f)	พลาสเตอร์	phláat-dtêr
pipeta (f)	ที่หยอดตา	thêe yòrt dtaa
termómetro (m)	ปรอท	bpa -ròrt
jeringa (f)	เข็มฉีดยา	khěm chèet-yaa
silla (f) de ruedas	รถเข็นคนพิการ	rót khěn khon phí-gaan
muletas (f pl)	ไม้ค้ำยัน	máai khám yan
anestésico (m)	ยาแก้ปวด	yaa gâe bpùat
purgante (m)	ยาระบาย	yaa rá-baai
alcohol (m)	เอธานอล	ay-thaa-norn
hierba (f) medicinal	สมุนไพร ทางการแพทย์	sà-mŭn phrai thaang gaan phâet
de hierbas (té ~)	สมุนไพร	sà-mŭn phrai

EL APARTAMENTO

68. El apartamento

apartamento (m)	อพาร์ตเมนต์	a-phâat-mayn
habitación (f)	ห้อง	hôrng
dormitorio (m)	ห้องนอน	hôrng norn
comedor (m)	ห้องรับประทานอาหาร	hôrng ráp bprà-thaan aa-hǎan
salón (m)	ห้องนั่งเล่น	hôrng nâng lên
despacho (m)	ห้องทำงาน	hôrng tham ngaan
antecámara (f)	ห้องเข้า	hôrng khâo
cuarto (m) de baño	ห้องน้ำ	hôrng náam
servicio (m)	ห้องส้วม	hôrng sûam
techo (m)	เพดาน	phay-daan
suelo (m)	พื้น	phéun
rincón (m)	มุม	mum

69. Los muebles. El interior

muebles (m pl)	เครื่องเรือน	khrêuang reuan
mesa (f)	โต๊ะ	dtó
silla (f)	เก้าอี้	gâo-êe
cama (f)	เตียง	dtiang
sofá (m)	โซฟา	soh-faa
sillón (m)	เก้าอี้เท้าแขน	gâo-êe tháo khǎen
librería (f)	ตู้หนังสือ	dtôo nǎng-sěu
estante (m)	ชั้นวาง	chán waang
armario (m)	ตู้เสื้อผ้า	dtôo sêua phâa
percha (f)	ที่แขวนเสื้อ	thêe khwǎen sêua
perchero (m) de pie	ไม้แขวนเสื้อ	mái khwǎen sêua
cómoda (f)	ตู้ลิ้นชัก	dtôo lín chák
mesa (f) de café	โต๊ะกาแฟ	dtó gaa-fae
espejo (m)	กระจก	grà-jòk
tapiz (m)	พรม	phrom
alfombra (f)	พรมเช็ดเท้า	phrom chét tháo
chimenea (f)	เตาผิง	dtao phǐng
candela (f)	เทียน	thian
candelero (m)	เชิงเทียน	cherng thian
cortinas (f pl)	ผ้าแขวน	phâa khwǎen
empapelado (m)	วอลเปเปอร์	worn-bpay-bper

estor (m) de láminas	บานเกล็ดหน้าต่าง	baan glèt nâa dtàang
lámpara (f) de mesa	โคมไฟตั้งโต๊ะ	khohm fai dtâng dtó
candil (m)	ไฟติดผนัง	fai dtìt phà-năng
lámpara (f) de pie	โคมไฟตั้งพื้น	khohm fai dtâng phéun
lámpara (f) de araña	โคมระย้า	khohm rá-yáa
pata (f) (~ de la mesa)	ขา	khăa
brazo (m)	ที่พักแขน	thêe phák khăen
espaldar (m)	พนักพิง	phá-nák phing
cajón (m)	ลิ้นชัก	lín chák

70. Los accesorios de la cama

ropa (f) de cama	ชุดผ้าปูที่นอน	chút phâa bpoo thêe norn
almohada (f)	หมอน	mŏrn
funda (f)	ปลอกหมอน	bplòk mŏrn
manta (f)	ผ้าห่วย	phâa phŭay
sábana (f)	ผ้าปู	phâa bpoo
sobrecama (f)	ผาคลุมเตียง	phâa khlum dtiang

71. La cocina

cocina (f)	ห้องครัว	hôrng khrua
gas (m)	แก๊ส	gáet
cocina (f) de gas	เตาแก๊ส	dtao gàet
cocina (f) eléctrica	เตาไฟฟ้า	dtao fai-fáa
horno (m)	เตาอบ	dtao òp
horno (m) microondas	เตาอบไมโครเวฟ	dtao òp mai-khroh-we p
frigorífico (m)	ตู้เย็น	dtôo yen
congelador (m)	ตูแช่แข็ง	dtôo chàe khăeng
lavavajillas (m)	เครื่องล้างจาน	khrêuang láang jaan
picadora (f) de carne	เครื่องบดเนื้อ	khrêuang bòt néua
exprimidor (m)	เครื่องคั้น	khrêuang khán
	น้ำผลไม้	náam phŏn-lá-mái
tostador (m)	เครื่องปิ้ง	khrêuang bpîng
	ขนมปัง	khà-nŏm bpang
batidora (f)	เครื่องปั่น	khrêuang bpàn
cafetera (f)	เครื่องชงกาแฟ	khrêuang chong gaa-fae
(aparato de cocina)		
cafetera (f) (para servir)	หม้อกาแฟ	môr gaa-fae
molinillo (m) de café	เครื่องบดกาแฟ	khrêuang bòt gaa-fae
hervidor (m) de agua	กาน้ำ	gaa náam
tetera (f)	กาน้ำชา	gaa náam chaa
tapa (f)	ฝา	făa
colador (m) de té	ที่กรองชา	thêe grorng chaa
cuchara (f)	ช้อน	chórn
cucharilla (f)	ช้อนชา	chórn chaa

cuchara (f) de sopa	ช้อนซุป	chórn súp
tenedor (m)	สอม	sôrm
cuchillo (m)	มีด	mêet
vajilla (f)	ถ้วยชาม	thûay chaam
plato (m)	จาน	jaan
platillo (m)	จานรอง	jaan rorng
vaso (m) de chupito	แก้วช็อต	gâew chórt
vaso (m) (~ de agua)	แก้ว	gâew
taza (f)	ถ้วย	thûay
azucarera (f)	โถน้ำตาล	thŏh náam dtaan
salero (m)	กระปุกเกลือ	grà-bpùk gleua
pimentero (m)	กระปุกพริกไท	grà-bpùk phrík thai
mantequera (f)	ที่ใส่เนย	thêe sài noie
cacerola (f)	หม้อต้ม	môr dtôm
sartén (f)	กระทะ	grà-thá
cucharón (m)	กระบวย	grà-buay
colador (m)	กระชอน	grà chorn
bandeja (f)	ถาด	thàat
botella (f)	ขวด	khùat
tarro (m) de vidrio	ขวดโหล	khùat lŏh
lata (f) de hojalata	กระป๋อง	grà-bpŏrng
abrebotellas (m)	ที่เปิดขวด	thêe bpèrt khùat
abrelatas (m)	ที่เปิดกระป๋อง	thêe bpèrt grà-bpŏrng
sacacorchos (m)	ที่เปิดจุก	thêe bpèrt jùk
filtro (m)	ที่กรอง	thêe grorng
filtrar (vt)	กรอง	grorng
basura (f)	ขยะ	khà-yà
cubo (m) de basura	ถังขยะ	thăng khà-yà

72. El baño

cuarto (m) de baño	ห้องน้ำ	hôrng náam
agua (f)	น้ำ	nám
grifo (m)	ก็อกน้ำ	gòk náam
agua (f) caliente	น้ำร้อน	nám rórn
agua (f) fría	น้ำเย็น	nám yen
pasta (f) de dientes	ยาสีฟัน	yaa sĕe fan
limpiarse los dientes	แปรงฟัน	bpraeng fan
cepillo (m) de dientes	แปรงสีฟัน	bpraeng sĕe fan
afeitarse (vr)	โกน	gohn
espuma (f) de afeitar	โฟมโกนหนวด	fohm gohn nùat
maquinilla (f) de afeitar	มีดโกน	mêet gohn
lavar (vt)	ล้าง	láang
darse un baño	อาบ	àap

| ducha (f) | ฝักบัว | fàk bua |
| darse una ducha | อาบน้ำฝักบัว | àap náam fàk bua |

baño (m)	อ่างอาบน้ำ	àang àap náam
inodoro (m)	โถชักโครก	thŏh chák khrôhk
lavabo (m)	อางล้างหน้า	àang láang-nâa

| jabón (m) | สบู่ | sà-bòo |
| jabonera (f) | ที่ใส่สบู่ | thêe sài sà-bòo |

esponja (f)	ฟองน้ำ	forng náam
champú (m)	แชมพู	chaem-phoo
toalla (f)	ผ้าเช็ดตัว	phâa chét dtua
bata (f) de baño	เสื้อคลุมอาบน้ำ	sêua khlum àap náam

colada (f), lavado (m)	การซักผ้า	gaan sák phâa
lavadora (f)	เครื่องซักผ้า	khrêuang sák phâa
lavar la ropa	ซักผ้า	sák phâa
detergente (m) en polvo	ผงซักฟอก	phŏng sák-fôrk

73. Los aparatos domésticos

televisor (m)	ทีวี	thee-wee
magnetófono (m)	เครื่องบันทึกเทป	khrêuang ban-théuk thâyp
vídeo (m)	เครื่องบันทึก วิดีโอ	khrêuang ban-théuk wí-dee-oh

| radio (f) | วิทยุ | wít-thá-yú |
| reproductor (m) (~ MP3) | เครื่องเล่น | khrêuang lên |

proyector (m) de vídeo	โปรเจ็คเตอร์	bproh-jèk-dtêr
sistema (m) home cinema	เครื่องฉายภาพยนตร์ที่บ้าน	khhrêuang chăai phâap-phá yon thêe bâan
reproductor (m) de DVD	เครื่องเล่น DVD	khrêuang lên dee-wee-dee
amplificador (m)	เครื่องขยายเสียง	khrêuang khà-yăi sĭang
videoconsola (f)	เครื่องเกมคอนโซล	khrêuang gaym khorn sohn

cámara (f) de vídeo	กล้องถ่ายวิดีโอ	glôrng thàai wí-dee-oh
cámara (f) fotográfica	กล้องถ่ายรูป	glôrng thàai rôop
cámara (f) digital	กล้องดิจิตอล	glôrng dì-jì-dton
aspirador (m)	เครื่องดูดฝุ่น	khrêuang dòot fùn
plancha (f)	เตารีด	dtao rêet
tabla (f) de planchar	กระดานรองรีด	grà-daan rorng rêet

teléfono (m)	โทรศัพท์	thoh-rá-sàp
teléfono (m) móvil	มือถือ	meu thĕu
máquina (f) de escribir	เครื่องพิมพ์ดีด	khrêuang phim dèet
máquina (f) de coser	จักรเย็บผ้า	jàk yép phâa

micrófono (m)	ไมโครโฟน	mai-khroh-fohn
auriculares (m pl)	หูฟัง	hŏo fang
mando (m) a distancia	รีโมตทีวี	ree môht thee wee
CD (m)	CD	see-dee
casete (m)	เทป	thâyp
disco (m) de vinilo	จานเสียง	jaan sĭang

LA TIERRA. EL TIEMPO

74. El espacio

cosmos (m)	อวกาศ	a-wá-gàat
espacial, cósmico (adj)	ทางอวกาศ	thang a-wá-gàat
espacio (m) cósmico	อวกาศ	a-wá-gàat
mundo (m)	โลก	lôhk
universo (m)	จักรวาล	jàk-grà-waan
galaxia (f)	ดาราจักร	daa-raa jàk
estrella (f)	ดาว	daao
constelación (f)	กลุ่มดาว	glùm daao
planeta (m)	ดาวเคราะห์	daao khrór
satélite (m)	ดาวเทียม	daao thiam
meteorito (m)	ดาวตก	daao dtòk
cometa (f)	ดาวหาง	daao hăang
asteroide (m)	ดาวเคราะห์น้อย	daao khrór nói
órbita (f)	วงโคจร	wong khoh-jon
girar (vi)	เวียน	wian
atmósfera (f)	บรรยากาศ	ban-yaa-gàat
Sol (m)	ดวงอาทิตย์	duang aa-thít
Sistema (m) Solar	ระบบสุริยะ	rá-bòp sù-rí-yá
eclipse (m) de Sol	สุริยุปราคา	sù-rí-yú-bpà-raa-kaa
Tierra (f)	โลก	lôhk
Luna (f)	ดวงจันทร์	duang jan
Marte (m)	ดาวอังคาร	daao ang-khaan
Venus (f)	ดาวศุกร์	daao sùk
Júpiter (m)	ดาวพฤหัส	daao phá-réu-hàt
Saturno (m)	ดาวเสาร์	daao săo
Mercurio (m)	ดาวพุธ	daao phút
Urano (m)	ดาวยูเรนัส	daao-yoo-ray-nát
Neptuno (m)	ดาวเนปจูน	daao-nâyp-joon
Plutón (m)	ดาวพลูโต	daao phloo-dtoh
la Vía Láctea	ทางช้างเผือก	thaang cháang phèuak
la Osa Mayor	กลุ่มดาวหมีใหญ่	glùm daao mĕe yài
la Estrella Polar	ดาวเหนือ	daao nĕua
marciano (m)	ชาวดาวอังคาร	chaao daao ang-khaan
extraterrestre (m)	มนุษย์ต่างดาว	má-nút dtàang daao
planetícola (m)	มนุษย์ต่างดาว	má-nút dtàang daao
platillo (m) volante	จานบิน	jaan bin

nave (f) espacial	ยานอวกาศ	yaan a-wá-gàat
estación (f) orbital	สถานีอวกาศ	sà-thǎa-nee a-wá-gàat
despegue (m)	การปล่อยจรวด	gaan bplòi jà-rùat

motor (m)	เครื่องยนต์	khrêuang yon
tobera (f)	ทอไอพ่น	thôr ai phôn
combustible (m)	เชื้อเพลิง	chéua phlerng

| carlinga (f) | ที่นั่งคนขับ | thêe nâng khon khàp |
| antena (f) | เสาอากาศ | sǎo aa-gàat |

ventana (f)	ช่อง	chôrng
batería (f) solar	อุปกรณ์พลังงาน แสงอาทิตย์	ù-bpà-gon phá-lang ngaan sǎeng aa-thít
escafandra (f)	ชุดอวกาศ	chút a-wá-gàat

| ingravidez (f) | สภาพไร้น้ำหนัก | sà-phâap rái nám nàk |
| oxígeno (m) | อ็อกซิเจน | ók sí jayn |

| atraque (m) | การเทียบท่า | gaan thîap thâa |
| realizar el atraque | เทียบทา | thîap thâa |

| observatorio (m) | หอดูดาว | hǒr doo daao |
| telescopio (m) | กล้องโทรทรรศน์ | glôrng thoh-rá-thát |

| observar (vt) | เฝ้าสังเกต | fâo sǎng-gàyt |
| explorar (~ el universo) | สำรวจ | sǎm-rùat |

75. La tierra

Tierra (f)	โลก	lôhk
globo (m) terrestre	ลูกโลก	lôok lôhk
planeta (m)	ดาวเคราะห์	daao khrór

atmósfera (f)	บรรยากาศ	ban-yaa-gàat
geografía (f)	ภูมิศาสตร์	phoo-mí-sàat
naturaleza (f)	ธรรมชาติ	tham-má-châat

globo (m) terráqueo	ลูกโลก	lôok lôhk
mapa (m)	แผนที่	phǎen thêe
atlas (m)	หนังสือแผนที่โลก	nǎng-sǔe phǎen thêe lôhk

| Europa (f) | ยุโรป | yú-ròhp |
| Asia (f) | เอเชีย | ay-chia |

| África (f) | แอฟริกา | àef-rí-gaa |
| Australia (f) | ออสเตรเลีย | òrt-dtray-lia |

América (f)	อเมริกา	a-may-rí-gaa
América (f) del Norte	อเมริกาเหนือ	a-may-rí-gaa něua
América (f) del Sur	อเมริกาใต้	a-may-rí-gaa dtâi

| Antártida (f) | แอนตาร์กติกา | aen-dtàak-dtì-gaa |
| Ártico (m) | อาร์กติค | àak-dtìk |

76. Los puntos cardinales

norte (m)	เหนือ	nĕua
al norte	ทิศเหนือ	thít nĕua
en el norte	ที่ภาคเหนือ	thêe phâak nĕua
del norte (adj)	ทางเหนือ	thaang nĕua
sur (m)	ใต้	dtâi
al sur	ทิศใต้	thít dtâi
en el sur	ที่ภาคใต้	thêe phâak dtâi
del sur (adj)	ทางใต้	thaang dtâi
oeste (m)	ตะวันตก	dtà-wan dtòk
al oeste	ทิศตะวันตก	thít dtà-wan dtòk
en el oeste	ที่ภาคตะวันตก	thêe phâak dtà-wan dtòk
del oeste (adj)	ทางตะวันตก	thaang dtà-wan dtòk
este (m)	ตะวันออก	dtà-wan òrk
al este	ทิศตะวันออก	thít dtà-wan òrk
en el este	ที่ภาคตะวันออน	thêe phâak dtà-wan òrk
del este (adj)	ทางตะวันออก	thaang dtà-wan òrk

77. El mar. El océano

mar (m)	ทะเล	thá-lay
océano (m)	มหาสมุทร	má-hăa sà-mùt
golfo (m)	อ่าว	àao
estrecho (m)	ช่องแคบ	chôrng khâep
tierra (f) firme	พื้นดิน	phéun din
continente (m)	ทวีป	thá-wêep
isla (f)	เกาะ	gòr
península (f)	คาบสมุทร	khâap sà-mùt
archipiélago (m)	หมู่เกาะ	mòo gòr
bahía (f)	อ่าว	àao
puerto (m)	ท่าเรือ	thâa reua
laguna (f)	ลากูน	laa-goon
cabo (m)	แหลม	lăem
atolón (m)	อะทอลล์	à-thorn
arrecife (m)	แนวปะการัง	naew bpà-gaa-rang
coral (m)	ปะการัง	bpà gaa-rang
arrecife (m) de coral	แนวปะการัง	naew bpà-gaa-rang
profundo (adj)	ลึก	léuk
profundidad (f)	ความลึก	khwaam léuk
abismo (m)	หุบเหวลึก	hùp wăy léuk
fosa (f) oceánica	ร่องลึกก้นสมุทร	rông léuk gôn sà-mùt
corriente (f)	กระแสน้ำ	grà-săe náam
bañar (rodear)	ล้อมรอบ	lórm rôrp

| orilla (f) | ชายฝั่ง | chaai fàng |
| costa (f) | ชายฝั่ง | chaai fàng |

flujo (m)	น้ำขึ้น	náam khêun
reflujo (m)	น้ำลง	náam long
banco (m) de arena	หาดตื้น	hàat dtêun
fondo (m)	กนทะเล	gôn thá-lay

ola (f)	คลื่น	khlêun
cresta (f) de la ola	มวนคลื่น	múan khlêun
espuma (f)	ฟองคลื่น	forng khlêun

tempestad (f)	พายุ	phaa-yú
huracán (m)	พายุเฮอร์ริเคน	phaa-yú her-rí-khayn
tsunami (m)	คลื่นยักษ์	khlêun yák
bonanza (f)	ภาวะไรลมพัด	phaa-wá rái lom phát
calmo, tranquilo	สงบ	sà-ngòp

| polo (m) | ขั้วโลก | khûa lôhk |
| polar (adj) | ขั้วโลก | khûa lôhk |

latitud (f)	เส้นรุ้ง	sên rúng
longitud (f)	เส้นแวง	sên waeng
paralelo (m)	เส้นขนาน	sên khà-nǎan
ecuador (m)	เสนศูนย์สูตร	sên sǒon sòot

cielo (m)	ท้องฟ้า	thórng fáa
horizonte (m)	ขอบฟ้า	khòrp fáa
aire (m)	อากาศ	aa-gàat

faro (m)	ประภาคาร	bprà-phaa-khaan
bucear (vi)	ดำ	dam
hundirse (vr)	จม	jom
tesoros (m pl)	สมบัติ	sǒm-bàt

78. Los nombres de los mares y los océanos

océano (m) Atlántico	มหาสมุทรแอตแลนติก	má-hǎa sà-mùt àet-laen-dtìk
océano (m) Índico	มหาสมุทรอินเดีย	má-hǎa sà-mùt in-dia
océano (m) Pacífico	มหาสมุทรแปซิฟิก	má-hǎa sà-mùt bpae-sí-fík
océano (m) Glacial Ártico	มหาสมุทรอาร์คติก	má-hǎa sà-mùt aa-ká-dtìk

mar (m) Negro	ทะเลดำ	thá-lay dam
mar (m) Rojo	ทะเลแดง	thá-lay daeng
mar (m) Amarillo	ทะเลเหลือง	thá-lay lěuang
mar (m) Blanco	ทะเลขาว	thá-lay khǎao

mar (m) Caspio	ทะเลแคสเปียน	thá-lay khâet-bpian
mar (m) Muerto	ทะเลเดดซี	thá-lay dàyt-see
mar (m) Mediterráneo	ทะเลเมดิเตอร์เรเนียน	thá-lay may-dì-dtêr-ray-nian

mar (m) Egeo	ทะเลเอเจี้ยน	thá-lay ay-jîan
mar (m) Adriático	ทะเลเอเดรียติก	thá-lay ay-day-ree-yá-dtìk
mar (m) Arábigo	ทะเลอาหรับ	thá-lay aa-ràp

mar (m) del Japón	ทะเลญี่ปุ่น	thá-lay yêe-bpùn
mar (m) de Bering	ทะเลเบริ่ง	thá-lay bae-rîng
mar (m) de la China Meridional	ทะเลจีนใต้	thá-lay jeen-dtâi
mar (m) del Coral	ทะเลคอรัล	thá-lay khor-ran
mar (m) de Tasmania	ทะเลแทสมัน	thá-lay thâet man
mar (m) Caribe	ทะเลแคริบเบียน	thá-lay khae-ríp-bian
mar (m) de Barents	ทะเลบาเรนท์	thá-lay baa-rayn
mar (m) de Kara	ทะเลคารา	thá-lay khaa-raa
mar (m) del Norte	ทะเลเหนือ	thá-lay něua
mar (m) Báltico	ทะเลบอลติก	thá-lay bon-dtìk
mar (m) de Noruega	ทะเลนอรเวย์	thá-lay nor-rá-way

79. Las montañas

montaña (f)	ภูเขา	phoo khǎo
cadena (f) de montañas	ทิวเขา	thiw khǎo
cresta (f) de montañas	สันเขา	sǎn khǎo
cima (f)	ยอดเขา	yôrt khǎo
pico (m)	ยอด	yôrt
pie (m)	ตีนเขา	dteun khǎo
cuesta (f)	ไหลเขา	lài khǎo
volcán (m)	ภูเขาไฟ	phoo khǎo fai
volcán (m) activo	ภูเขาไฟมีพลัง	phoo khǎo fai mee phá-lang
volcán (m) apagado	ภูเขาไฟที่ดับแล้ว	phoo khǎo fai thêe dàp láew
erupción (f)	ภูเขาไฟระเบิด	phoo khǎo fai rá-bèrt
cráter (m)	ปล่องภูเขาไฟ	bplòng phoo khǎo fai
magma (f)	หินหนืด	hǐn nèut
lava (f)	ลาวา	laa-waa
fundido (lava ~a)	หลอมเหลว	lǒrm lěo
cañón (m)	หุบเขาลึก	hùp khǎo léuk
desfiladero (m)	ช่องเขา	chôrng khǎo
grieta (f)	รอยแตกภูเขา	roi dtàek phoo khǎo
precipicio (m)	หุบเหวลึก	hùp wǎy léuk
puerto (m) (paso)	ทางผ่าน	thaang phàan
meseta (f)	ที่ราบสูง	thêe râap sǒong
roca (f)	หน้าผา	nâa phǎa
colina (f)	เนินเขา	nern khǎo
glaciar (m)	ธารน้ำแข็ง	thaan náam khǎeng
cascada (f)	น้ำตก	nám dtòk
geiser (m)	น้ำพุร้อน	nám phú rórn
lago (m)	ทะเลสาบ	thá-lay sàap
llanura (f)	ที่ราบ	thêe râap
paisaje (m)	ภูมิทัศน์	phoom thát

eco (m)	เสียงสะท้อน	sĭang sà-thón
alpinista (m)	นักปีนเขา	nák bpeen khăo
escalador (m)	นักไต่เขา	nák dtài khăo
conquistar (vt)	ไต่เขาถึงยอด	dtài khăo thĕung yôt
ascensión (f)	การปีนเขา	gaan bpeen khăo

80. Los nombres de las montañas

Alpes (m pl)	เทือกเขาแอลป์	thêuak-khăo-aen
Montblanc (m)	ยอดเขามงบล็อง	yôt khăo mong-bà-lŏng
Pirineos (m pl)	เทือกเขาไพรีนีส	thêuak khăo pai-ree-nêet
Cárpatos (m pl)	เทือกเขาคาร์เพเทียน	thêuak khăo khaa-phay-thian
Urales (m pl)	เทือกเขายูรัล	thêuak khăo yoo-ran
Cáucaso (m)	เทือกเขาคอเคซัส	thêuak khăo khor-khay-sát
Elbrus (m)	ยอดเขาเอลบรุส	yôt khăo ayn-brùt
Altai (m)	เทือกเขาอัลไต	thêuak khăo an-dtai
Tian-Shan (m)	เทือกเขาเทียนชาน	thêuak khăo thian-chaan
Pamir (m)	เทือกเขาพาเมียร์	thêuak khăo paa-mia
Himalayos (m pl)	เทือกเขาหิมาลัย	thêuak khăo hì-maa-lai
Everest (m)	ยอดเขาเอเวอเรสต์	yôt khăo ay-wer-râyt
Andes (m pl)	เทือกเขาแอนดีส	thêuak-khăo-aen-dèet
Kilimanjaro (m)	ยอดเขาคิลิมันจาโร	yôt khăo khí-lí-man-jaa-roh

81. Los ríos

río (m)	แม่น้ำ	mâe náam
manantial (m)	แหล่งน้ำแร่	làeng náam râe
lecho (m) (curso de agua)	เส้นทางแม่น้ำ	sên thaang mâe náam
cuenca (f) fluvial	ลุ่มน้ำ	lûm náam
desembocar en ...	ไหลไปสู่...	lăi bpai sòo...
afluente (m)	สาขา	săa-khăa
ribera (f)	ฝั่งแม่น้ำ	fàng mâe náam
corriente (f)	กระแสน้ำ	grà-săe náam
río abajo (adv)	ตามกระแสน้ำ	dtaam grà-săe náam
río arriba (adv)	ทวนน้ำ	thuan náam
inundación (f)	น้ำท่วม	nám thûam
riada (f)	น้ำท่วม	nám thûam
desbordarse (vr)	เอ่อล้น	èr lón
inundar (vt)	ท่วม	thûam
bajo (m) arenoso	บริเวณน้ำตื้น	bor-rí-wayn nám dtêun
rápido (m)	กระแสน้ำเชี่ยว	grà-săe nám-chîeow
presa (f)	เขื่อน	khèuan
canal (m)	คลอง	khlorng
lago (m) artificiale	ที่เก็บกักน้ำ	thêe gèp gàk náam

esclusa (f)	ประตูระบายน้ำ	bprà-dtoo rá-baai náam
cuerpo (m) de agua	พื้นน้ำ	phéun náam
pantano (m)	บึง	beung
ciénaga (m)	ห้วย	hûay
remolino (m)	น้ำวน	nám won
arroyo (m)	ลำธาร	lam thaan
potable (adj)	น้ำดื่มได้	nám dèum dâai
dulce (agua ~)	น้ำจืด	nám jèut
hielo (m)	น้ำแข็ง	nám khǎeng
helarse (el lago, etc.)	แชแข็ง	châe khǎeng

82. Los nombres de los ríos

Sena (m)	แม่น้ำเซน	mâe náam sayn
Loira (m)	แมน้ำลัวร์	mâe-náam lua
Támesis (m)	แม่น้ำเทมส์	mâe-náam them
Rin (m)	แม่น้ำไรน	mâe-náam rai
Danubio (m)	แมน้ำดานูบ	mâe-náam daa-nôop
Volga (m)	แม่น้ำวอลกา	mâe-náam won-gaa
Don (m)	แม่น้ำดอน	mâe-náam don
Lena (m)	แมน้ำลีนา	mâe-náam lee-naa
Río (m) Amarillo	แม่น้ำหวง	mâe-náam hǔang
Río (m) Azul	แม่น้ำแยงซี	mâe-náam yaeng-see
Mekong (m)	แม่น้ำโขง	mâe-náam khǒhng
Ganges (m)	แมน้ำคงคา	mâe-náam khong-khaa
Nilo (m)	แม่น้ำไนล์	mâe-náam nai
Congo (m)	แม่น้ำคองโก	mâe-náam khong-goh
Okavango (m)	แมน้ำโอคาวังโก	mâe-náam oh-khaa wang goh
Zambeze (m)	แม่น้ำแซมบีซี	mâe-náam saem bee see
Limpopo (m)	แม่น้ำลิมโปโป	mâe-náam lim-bpoh-bpoh
Misisipí (m)	แมน้ำมิสซิสซิปปี	mâe-náam mít-sít-síp-bpee

83. El bosque

bosque (m)	ป่าไม้	bpàa máai
de bosque (adj)	ป่า	bpàa
espesura (f)	ป่าทึบ	bpàa théup
bosquecillo (m)	ป่าละเมาะ	bpàa lá-mór
claro (m)	ทุงโลง	thûng lôhng
maleza (f)	ป่าละเมาะ	bpàa lá-mór
matorral (m)	ป่าละเมาะ	bpàa lá-mór
senda (f)	ทางเดิน	thaang dern
barranco (m)	รองธาร	rông thaan

árbol (m)	ต้นไม้	dtôn máai
hoja (f)	ใบไม้	bai máai
follaje (m)	ใบไม้	bai máai
caída (f) de hojas	ใบไม้ร่วง	bai máai rûang
caer (las hojas)	ร่วง	rûang
cima (f)	ยอด	yôrt
rama (f)	กิ่ง	gìng
rama (f) (gruesa)	ก้านไม้	gâan mái
brote (m)	ยอดออน	yôrt òrn
aguja (f)	เข็ม	khĕm
piña (f)	ลูกสน	lôok sŏn
agujero (m)	โพรงไม้	phrohng máai
nido (m)	รัง	rang
madriguera (f)	โพรง	phrohng
tronco (m)	ลำต้น	lam dtôn
raíz (f)	ราก	râak
corteza (f)	เปลือกไม้	bplèuak máai
musgo (m)	มอส	môt
extirpar (vt)	ถอนราก	thŏrn râak
talar (vt)	โคน	khôhn
deforestar (vt)	ตัดไม้ทำลายป่า	dtàt mái tham laai bpàa
tocón (m)	ตอไม	dtor máai
hoguera (f)	กองไฟ	gorng fai
incendio (m)	ไฟป่า	fai bpàa
apagar (~ el incendio)	ดับไฟ	dàp fai
guarda (m) forestal	เจ้าหน้าที่ดูแลป่า	jâo nâa-thêe doo lae bpàa
protección (f)	การปกป้อง	gaan bpòk bpôrng
proteger (vt)	ปกป้อง	bpòk bpôrng
cazador (m) furtivo	นักลอบล่าสัตว์	nák lôrp lâa sàt
cepo (m)	กับดักเหล็ก	gàp dàk lèk
recoger (setas, bayas)	เก็บ	gèp
perderse (vr)	หลงทาง	lŏng thaang

84. Los recursos naturales

recursos (m pl) naturales	ทรัพยากร ธรรมชาติ	sáp-pá-yaa-gon tham-má-châat
minerales (m pl)	แร่	râe
depósitos (m pl)	ตะกอน	dtà-gorn
yacimiento (m)	บอ	bòr
extraer (vt)	ขุดแร่	khùt râe
extracción (f)	การขุดแร่	gaan khùt râe
mineral (m)	แร่	râe
mina (f)	เหมืองแร่	mĕuang râe
pozo (m) de mina	ช่องเหมือง	chôrng mĕuang

minero (m)	คนงานเหมือง	khon ngaan mĕuang
gas (m)	แก๊ส	gáet
gasoducto (m)	ทอแก๊ส	thôr gáet

petróleo (m)	น้ำมัน	nám man
oleoducto (m)	ทอน้ำมัน	thôr náam man
torre (f) petrolera	บ่อน้ำมัน	bòr náam man
torre (f) de sondeo	ปั้นจั่นขนาดใหญ่	bpân jàn khà-nàat yài
petrolero (m)	เรือบรรทุกน้ำมัน	reua ban-thúk nám man

arena (f)	ทราย	saai
caliza (f)	หินปูน	hĭn bpoon
grava (f)	กรวด	grùat
turba (f)	พีต	phêet
arcilla (f)	ดินเหนียว	din nĭeow
carbón (m)	ถ่านหิน	thàan hĭn

hierro (m)	เหล็ก	lèk
oro (m)	ทอง	thorng
plata (f)	เงิน	ngern
níquel (m)	นิเกิล	ní-gêrn
cobre (m)	ทองแดง	thorng daeng

zinc (m)	สังกะสี	săng-gà-sĕe
manganeso (m)	แมงกานีส	maeng-gaa-nêet
mercurio (m)	ปรอท	bpa -ròrt
plomo (m)	ตะกั่ว	dtà-gùa

mineral (m)	แร่	râe
cristal (m)	ผลึก	phà-lèuk
mármol (m)	หินอ่อน	hĭn òrn
uranio (m)	ยูเรเนียม	yoo-ray-niam

85. El tiempo

tiempo (m)	สภาพอากาศ	sà-phâap aa-gàat
previsión (m) del tiempo	พยากรณ์ สภาพอากาศ	phá-yaa-gon sà-phâap aa-gàat
temperatura (f)	อุณหภูมิ	un-hà-phoom
termómetro (m)	ปรอทวัดอุณหภูมิ	bpà-ròrt wát un-hà-phoom
barómetro (m)	เครื่องวัดความดัน บรรยากาศ	khrêuang wát khwaam dan ban-yaa-gàat

húmedo (adj)	ชื้น	chéun
humedad (f)	ความชื้น	khwaam chéun

bochorno (m)	ความร้อน	khwaam rórn
tórrido (adj)	ร้อน	rórn
hace mucho calor	มันร้อน	man rórn

hace calor (templado)	มันอุ่น	man ùn
templado (adj)	อุ่น	ùn
hace frío	อากาศเย็น	aa-gàat yen
frío (adj)	เย็น	yen

sol (m)	ดวงอาทิตย์	duang aa-thít
brillar (vi)	สองแสง	sòrng săeng
soleado (un día ~)	มีแสงแดด	mee săeng dàet
elevarse (el sol)	ขึ้น	khêun
ponerse (vr)	ตก	dtòk

nube (f)	เมฆ	mâyk
nuboso (adj)	มีเมฆมาก	mee mâyk mâak
nubarrón (m)	เมฆฝน	mâyk fŏn
nublado (adj)	มืดครึ้ม	mêut khréum

lluvia (f)	ฝน	fŏn
está lloviendo	ฝนตก	fŏn dtòk
lluvioso (adj)	ฝนตก	fŏn dtòk
lloviznar (vi)	ฝนปรอย	fòn bproi

aguacero (m)	ฝนตกหนัก	fŏn dtòk nàk
chaparrón (m)	ฝนหาใหญ่	fŏn hàa yài
fuerte (la lluvia ~)	หนัก	nàk
charco (m)	หลมน้ำ	lòm nám
mojarse (vr)	เปียก	bpìak

niebla (f)	หมอก	mòrk
nebuloso (adj)	หมอกจัด	mòrk jàt
nieve (f)	หิมะ	hì-má
está nevando	หิมะตก	hì-má dtòk

86. Los eventos climáticos severos. Los desastres naturales

tormenta (f)	พายุฟ้าคะนอง	phaa-yú fáa khá-nong
relámpago (m)	ฟ้าผ่า	fáa phàa
relampaguear (vi)	แลบ	lâep

trueno (m)	ฟ้าคะนอง	fáa khá-norng
tronar (vi)	มีฟ้าคะนอง	mee fáa khá-norng
está tronando	มีฟ้าร้อง	mee fáa rórng

| granizo (m) | ลูกเห็บ | lôok hèp |
| está granizando | มีลูกเห็บตก | mee lôok hèp dtòk |

| inundar (vt) | ท่วม | thûam |
| inundación (f) | น้ำทวม | nám thûam |

terremoto (m)	แผ่นดินไหว	phàen din wăi
sacudida (f)	ไหว	wăi
epicentro (m)	จุดเหนือศูนย์แผ่นดินไหว	jùt nĕua sŏon phàen din wăi

| erupción (f) | ภูเขาไฟระเบิด | phoo khăo fai rá-bèrt |
| lava (f) | ลาวา | laa-waa |

torbellino (m)	พายุหมุน	phaa-yú mŭn
tornado (m)	พายุทอร์เนโด	phaa-yú thor-nay-doh
tifón (m)	พายุไต้ฝุ่น	phaa-yú dtâi fùn
huracán (m)	พายุเฮอร์ริเคน	phaa-yú her-rí-khayn

| tempestad (f) | พายุ | phaa-yú |
| tsunami (m) | คลื่นสึนามิ | khlêun sèu-naa-mí |

ciclón (m)	พายุไซโคลน	phaa-yú sai-khlohn
mal tiempo (m)	อากาศไม่ดี	aa-gàat mâi dee
incendio (m)	ไฟไหม้	fai mâi
catástrofe (f)	ความหายนะ	khwaam hǎa-yá-ná
meteorito (m)	อุกกาบาต	ùk-gaa-bàat

avalancha (f)	หิมะถล่ม	hì-má thà-lòm
alud (m) de nieve	หิมะถลม	hì-má thà-lòm
ventisca (f)	พายุหิมะ	phaa-yú hì-má
nevasca (f)	พายุหิมะ	phaa-yú hì-má

LA FAUNA

87. Los mamíferos. Los predadores

carnívoro (m)	สัตว์กินเนื้อ	sàt gin néua
tigre (m)	เสือ	sěua
león (m)	สิงโต	sǐng dtoh
lobo (m)	หมาป่า	mǎa bpàa
zorro (m)	หมาจิ้งจอก	mǎa jîng-jòk

jaguar (m)	เสือจากัวร์	sěua jaa-gua
leopardo (m)	เสือดาว	sěua daao
guepardo (m)	เสือชีตาห์	sěua chee-dtaa

pantera (f)	เสือดำ	sěua dam
puma (f)	สิงโตภูเขา	sǐng-dtoh phoo khǎo
leopardo (m) de las nieves	เสือดาวหิมะ	sěua daao hì-má
lince (m)	แมวป่า	maew bpàa

coyote (m)	โคโยตี้	khoh-yoh-dtêe
chacal (m)	หมาจิ้งจอกทอง	mǎa jîng-jòk thorng
hiena (f)	ไฮยีนา	hai-yee-naa

88. Los animales salvajes

| animal (m) | สัตว์ | sàt |
| bestia (f) | สัตว์ | sàt |

ardilla (f)	กระรอก	grà rôk
erizo (m)	เมน	mâyn
liebre (f)	กระต่ายป่า	grà-dtàai bpàa
conejo (m)	กระต่าย	grà-dtàai

tejón (m)	แบดเจอร์	baet-jer
mapache (m)	แร็คคูน	ráek khoon
hámster (m)	หนูแฮมสเตอร์	nǒo haem-sà-dtêr
marmota (f)	มารมอต	maa-môt

topo (m)	ตุ่น	dtùn
ratón (m)	หนู	nǒo
rata (f)	หนู	nǒo
murciélago (m)	ค้างคาว	kháang khaao

armiño (m)	เออร์มิน	er-min
cebellina (f)	เซเบิ้ล	say bern
marta (f)	มาร์เทิน	maa thern
comadreja (f)	เพียงพอนสีน้ำตาล	phiang phon sěe nám dtaan
visón (m)	เพียงพอน	phiang phorn

castor (m)	ปีเวอร์	bee-wer
nutria (f)	นาก	nâak
caballo (m)	ม้า	máa
alce (m)	กวางมูส	gwaang môot
ciervo (m)	กวาง	gwaang
camello (m)	อูฐ	òot
bisonte (m)	วัวป่า	wua bpàa
uro (m)	วัวป่าออรอช	wua bpàa or rôt
búfalo (m)	ควาย	khwaai
cebra (f)	ม้าลาย	máa laai
antílope (m)	แอนทีโลป	aen-thi-lòp
corzo (m)	กวางโรเดียร์	gwaang roh-dia
gamo (m)	กวางแฟลโลว์	gwaang flae-loh
gamuza (f)	เลียงผา	liang-phǎa
jabalí (m)	หมูป่า	mǒo bpàa
ballena (f)	วาฬ	waan
foca (f)	แมวน้ำ	maew náam
morsa (f)	ช้างน้ำ	cháang náam
oso (m) marino	แมวน้ำมีขน	maew náam mee khǒn
delfín (m)	โลมา	loh-maa
oso (m)	หมี	měe
oso (m) blanco	หมีขั้วโลก	měe khúa lôhk
panda (f)	หมีแพนดา	měe phaen-dâa
mono (m)	ลิง	ling
chimpancé (m)	ลิงชิมแปนซี	ling chim-bpaen-see
orangután (m)	ลิงอุรังอุตัง	ling u-rang-u-dtang
gorila (m)	ลิงกอริลลา	ling gor-rin-lâa
macaco (m)	ลิงแม็กแคก	ling mâk-khâk
gibón (m)	ชะนี	chá-nee
elefante (m)	ช้าง	cháang
rinoceronte (m)	แรด	râet
jirafa (f)	ยีราฟ	yee-râaf
hipopótamo (m)	ฮิปโปโปเตมัส	híp-bpoh-bpoh-dtay-mát
canguro (m)	จิงโจ้	jing-jôh
koala (f)	หมีโคอาล่า	měe khoh aa lâa
mangosta (f)	พังพอน	phang phon
chinchilla (f)	ชินคิลลา	khin-khin laa
mofeta (f)	สกุ้งก	sà-gang
espín (m)	เมน	mâyn

89. Los animales domésticos

gata (f)	แมวตัวเมีย	maew dtua mia
gato (m)	แมวตัวผู้	maew dtua phôo
perro (m)	สุนัข	sù-nák

caballo (m)	ม้า	máa
garañón (m)	ม้าตัวผู้	máa dtua phôo
yegua (f)	มาตัวเมีย	máa dtua mia
vaca (f)	วัว	wua
toro (m)	กระทิง	grà-thing
buey (m)	วัว	wua
oveja (f)	แกะตัวเมีย	gàe dtua mia
carnero (m)	แกะตัวผู้	gàe dtua phôo
cabra (f)	แพะตัวเมีย	pháe dtua mia
cabrón (m)	แพะตัวผู้	pháe dtua phôo
asno (m)	ลา	laa
mulo (m)	ลอ	lôr
cerdo (m)	หมู	mǒo
cerdito (m)	ลูกหมู	lôok mǒo
conejo (m)	กระตาย	grà-dtàai
gallina (f)	ไก่ตัวเมีย	gài dtua mia
gallo (m)	ไก่ตัวผู้	gài dtua phôo
pato (m)	เป็ดตัวเมีย	bpèt dtua mia
ánade (m)	เป็ดตัวผู้	bpèt dtua phôo
ganso (m)	ห่าน	hàan
pavo (m)	ไก่งวงตัวผู้	gài nguang dtua phôo
pava (f)	ไก่งวงตัวเมีย	gài nguang dtua mia
animales (m pl) domésticos	สัตว์เลี้ยง	sàt líang
domesticado (adj)	เลี้ยง	líang
domesticar (vt)	เชื่อง	chêuang
criar (vt)	ขยายพันธุ์	khà-yǎai phan
granja (f)	ฟาร์ม	faam
aves (f pl) de corral	สัตว์ปีก	sàt bpèek
ganado (m)	วัวควาย	wua khwaai
rebaño (m)	ฝูง	fǒong
caballeriza (f)	คอกม้า	khôrk máa
porqueriza (f)	คอกหมู	khôrk mǒo
vaquería (f)	คอกวัว	khôrk wua
conejal (m)	คอกกระต่าย	khôrk grà-dtàai
gallinero (m)	เล้าไก่	láo gài

90. Los pájaros

pájaro (m)	นก	nók
paloma (f)	นกพิราบ	nók phí-râap
gorrión (m)	นกกระจิบ	nók grà-jìp
paro (m)	นกติ๊ด	nók dtít
cotorra (f)	นกสาลิกา	nók sǎa-lí gaa
cuervo (m)	นกอีกา	nók ee-gaa

corneja (f)	นกกา	nók gaa
chova (f)	นกจำพวกกา	nók jam phúak gaa
grajo (m)	นกการูด	nók gaa róok
pato (m)	เป็ด	bpèt
ganso (m)	ห่าน	hàan
faisán (m)	ไก่ฟ้า	gài fáa
águila (f)	นกอินทรี	nók in-see
azor (m)	นกเหยี่ยว	nók yìeow
halcón (m)	นกเหยี่ยว	nók yìeow
buitre (m)	นกแร้ง	nók ráeng
cóndor (m)	นกแร้งขนาดใหญ่	nók ráeng kà-nàat yài
cisne (m)	นกหงส์	nók hǒng
grulla (f)	นกกระเรียน	nók grà rian
cigüeña (f)	นกกระสา	nók grà-sǎa
loro (m), papagayo (m)	นกแก้ว	nók gâew
colibrí (m)	นกฮัมมิ่งเบิร์ด	nók ham-mîng-bèrt
pavo (m) real	นกยูง	nók yoong
avestruz (m)	นกกระจอกเทศ	nók grà-jòrk-thâyt
garza (f)	นกยาง	nók yaang
flamenco (m)	นกฟลามิงโก	nók flaa-ming-goh
pelícano (m)	นกกระทุง	nók-grà-thung
ruiseñor (m)	นกไนติงเกล	nók-nai-dting-gayn
golondrina (f)	นกนางแอ่น	nók naang-àen
tordo (m)	นกเดินดง	nók dern dong
zorzal (m)	นกเดินดงร้องเพลง	nók dern dong rórng phlayng
mirlo (m)	นกเดินดงสีดำ	nók-dern-dong sěe dam
vencejo (m)	นกแอ่น	nók àen
alondra (f)	นกลาร์ค	nók lâak
codorniz (f)	นกคุ่ม	nók khúm
pico (m)	นกหัวขวาน	nók hǔa khwǎn
cuco (m)	นกดุเหว่า	nók dù hǎy wâa
lechuza (f)	นกฮูก	nók hôok
búho (m)	นกเค้าใหญ่	nók kháo yài
urogallo (m)	ไก่ป่า	gài bpàa
gallo lira (m)	ไก่ดำ	gài dam
perdiz (f)	นกกระทา	nók-grà-thaa
estornino (m)	นกกิ้งโครง	nók-gîng-khrohng
canario (m)	นกขุนมิน	nók khà-mîn
ortega (f)	ไก่น้ำตาล	gài nám dtaan
pinzón (m)	นกจาบ	nók-jàap
camachuelo (m)	นกบูลฟินช์	nók boon-fin
gaviota (f)	นกนางนวล	nók naang-nuan
albatros (m)	นกอัลบาทรอส	nók an-baa-thrôt
pingüino (m)	นกเพนกวิน	nók phayn-gwin

91. Los peces. Los animales marinos

brema (f)	ปลาบรีม	bplaa bpreem
carpa (f)	ปลาคาร์ป	bplaa khâap
perca (f)	ปลาเพิร์ช	bplaa phêrt
siluro (m)	ปลาดุก	bplaa-dùk
lucio (m)	ปลาไพค์	bplaa phai
salmón (m)	ปลาแซลมอน	bplaa saen-morn
esturión (m)	ปลาสเตอรเจียน	bpláa sà-dtêr jian
arenque (m)	ปลาเฮอร์ริง	bplaa her-ring
salmón (m) del Atlántico	ปลาแซลมอนแอตแลนติก	bplaa saen-mon àet-laen-dtìk
caballa (f)	ปลาซาบะ	bplaa saa-bà
lenguado (m)	ปลาลิ้นหมา	bplaa lín-măa
lucioperca (m)	ปลาไพค์เพิร์ช	bplaa phái phert
bacalao (m)	ปลาค็อด	bplaa khót
atún (m)	ปลาทูน่า	bplaa thoo-nâa
trucha (f)	ปลาเทราท์	bplaa thrau
anguila (f)	ปลาไหล	bplaa lăi
tembladera (f)	ปลากระเบนไฟฟ้า	bplaa grà-bayn-fai-fáa
morena (f)	ปลาไหลมอเรย	bplaa lăi mor-ray
piraña (f)	ปลาปีรันย่า	bplaa bpì-ran-yâa
tiburón (m)	ปลาฉลาม	bplaa chà-lăam
delfín (m)	โลมา	loh-maa
ballena (f)	วาฬ	waan
centolla (f)	ปู	bpoo
medusa (f)	แมงกะพรุน	maeng gà-phrun
pulpo (m)	ปลาหมึก	bplaa mèuk
estrella (f) de mar	ปลาดาว	bplaa daao
erizo (m) de mar	หอยเม่น	hŏi mâyn
caballito (m) de mar	ม้าน้ำ	máa nám
ostra (f)	หอยนางรม	hŏi naang rom
camarón (m)	กุ้ง	gúng
bogavante (m)	กุ้งมังกร	gúng mang-gon
langosta (f)	กุ้งมังกร	gúng mang-gon

92. Los anfibios. Los reptiles

serpiente (f)	งู	ngoo
venenoso (adj)	พิษ	phít
víbora (f)	งูแมวเซา	ngoo maew sao
cobra (f)	งูเห่า	ngoo hào
pitón (m)	งูเหลือม	ngoo lĕuam
boa (f)	งูโบอา	ngoo boh-aa
culebra (f)	งูเล็กที่ไม่เป็นอันตราย	ngoo lék thêe mâi bpen an-dtà-raai

serpiente (m) de cascabel	งูหางกระดิ่ง	ngoo hăang grà-dìng
anaconda (f)	งูอนาคอนดา	ngoo a -naa-khon-daa
lagarto (f)	กิ้งก่า	gîng-gàa
iguana (f)	อีกัวนา	ee gua naa
varano (m)	กิ้งกามอนิเตอร์	gîng-gàa mor-ní-dtêr
salamandra (f)	ซาลาแมนเดอร	saa-laa-maen-dêr
camaleón (m)	กิ้งกาคามิเลียน	gîng-gàa khaa-mí-lian
escorpión (m)	แมงป่อง	maeng bpòrng
tortuga (f)	เต่า	dtào
rana (f)	กบ	gòp
sapo (m)	คางคก	khaang-kók
cocodrilo (m)	จระเข้	jor-rá-khây

93. Los insectos

insecto (m)	แมลง	má-laeng
mariposa (f)	ผีเสื้อ	phěe sêua
hormiga (f)	มด	mót
mosca (f)	แมลงวัน	má-laeng wan
mosquito (m) (picadura de ~)	ยุง	yung
escarabajo (m)	แมลงปีกแข็ง	má-laeng bpèek khăeng
avispa (f)	ต่อ	dtòr
abeja (f)	ผึ้ง	phêung
abejorro (m)	ผึ้งบัมเบิลบี	phêung bam-bern bee
moscardón (m)	เหลือบ	lèuap
araña (f)	แมงมุม	maeng mum
telaraña (f)	ใยแมงมุม	yai maeng mum
libélula (f)	แมลงปอ	má-laeng bpor
saltamontes (m)	ตั๊กแตน	dták-gà-dtaen
mariposa (f) nocturna	ผีเสื้อกลางคืน	phěe sêua glaang kheun
cucaracha (f)	แมลงสาบ	má-laeng sàap
garrapata (f)	เห็บ	hèp
pulga (f)	หมัด	màt
mosca (f) negra	ริน	rín
langosta (f)	ตั๊กแตน	dták-gà-dtaen
caracol (m)	หอยทาก	hŏi thâak
grillo (m)	จิ้งหรีด	jîng-rèet
luciérnaga (f)	หิ่งห้อย	hìng-hôi
mariquita (f)	แมลงเต่าทอง	má-laeng dtào thorng
escarabajo (m) sanjuanero	แมงอีนูน	maeng ee noon
sanguijuela (f)	ปลิง	bpling
oruga (f)	บุ้ง	búng
gusano (m)	ไส้เดือน	sâi deuan
larva (f)	ตัวอ่อน	dtua òrn

LA FLORA

94. Los árboles

árbol (m)	ต้นไม้	dtôn máai
foliáceo (adj)	ผลัดใบ	phlàt bai
conífero (adj)	สน	sǒn
de hoja perenne	ซึ่งเขียวชอุ่ม ตลอดปี	sêung khǐeow chá-ùm dtà-lòrt bpee
manzano (m)	ต้นแอปเปิ้ล	dtôn àep-bpêrn
peral (m)	ต้นแพร	dtôn phae
cerezo (m)	ต้นเชอร์รี่ป่า	dtôn cher-rêe bpàa
guindo (m)	ต้นเชอร์รี่	dtôn cher-rêe
ciruelo (m)	ต้นพลัม	dtôn phlam
abedul (m)	ต้นเบิร์ช	dtôn bèrt
roble (m)	ต้นโอ๊ค	dtôn óhk
tilo (m)	ต้นไม้ดอกเหลือง	dtôn máai dòrk lěuang
pobo (m)	ต้นแอสเพน	dtôn ae sà-phayn
arce (m)	ต้นเมเปิล	dtôn may bpêrn
picea (m)	ต้นเฟอร์	dtôn fer
pino (m)	ต้นเกี๊ยะ	dtôn gía
alerce (m)	ต้นลาารช	dtôn lâat
abeto (m)	ต้นเฟอร์	dtôn fer
cedro (m)	ต้นซีดาร์	dtôn-see-daa
álamo (m)	ต้นปอปลาร์	dtôn bpor-bplaa
serbal (m)	ต้นโรแวน	dtôn-roh-waen
sauce (m)	ต้นวิลโลว์	dtôn win-loh
aliso (m)	ต้นอัลเดอร์	dtôn an-dêr
haya (f)	ต้นบีช	dtôn bèet
olmo (m)	ต้นเอล์ม	dtôn elm
fresno (m)	ต้นแอช	dtôn aesh
castaño (m)	ต้นเกาลัด	dtôn gao lát
magnolia (f)	ต้นแมกโนเลีย	dtôn mâek-noh-lia
palmera (f)	ต้นปาล์ม	dtôn bpaam
ciprés (m)	ต้นไซเปรส	dtôn-sai-bpràyt
mangle (m)	ต้นโกงกาง	dtôn gohng gaang
baobab (m)	ต้นเบาบับ	dtôn bao-bàp
eucalipto (m)	ต้นยูคาลิปตัส	dtôn yoo-khaa-líp-dtàt
secoya (f)	ต้นสนซีควัยา	dtôn sǒn see kua yaa

95. Los arbustos

mata (f)	พุ่มไม้	phúm máai
arbusto (m)	ต้นไม้พุ่ม	dtôn máai phúm
vid (f)	ต้นองุ่น	dtôn a-ngùn
viñedo (m)	ไร่องุ่น	râi a-ngùn
frambueso (m)	พุ่มราสเบอร์รี่	phúm râat-ber-rêe
grosella (f) negra	พุ่มแบล็คเคอร์แรนท์	phúm blàek-khêr-raen
grosellero (f) rojo	พุ่มเรดเคอร์แรนท	phúm râyt-khêr-raen
grosellero (m) espinoso	พุ่มกูสเบอร์รี่	phúm gòot-ber-rêe
acacia (f)	ต้นอาเคเซีย	dtôn aa-khay-chia
berberís (m)	ต้นบาร์เบอร์รี่	dtôn baa-ber-rêe
jazmín (m)	มะลิ	má-lí
enebro (m)	ต้นจูนิเปอร์	dtôn joo-ní-bper
rosal (m)	พุ่มกุหลาบ	phúm gù làap
escaramujo (m)	พุ่มดอกโรส	phúm dòrk-rôht

96. Las frutas. Las bayas

fruto (m)	ผลไม้	phǒn-lá-máai
frutos (m pl)	ผลไม	phǒn-lá-máai
manzana (f)	แอปเปิ้ล	àep-bpêrn
pera (f)	ลูกแพร	lôok phae
ciruela (f)	พลัม	phlam
fresa (f)	สตรอว์เบอร์รี่	sà-dtror-ber-rêe
guinda (f)	เชอร์รี่	cher-rêe
cereza (f)	เชอร์รี่ป่า	cher-rêe bpàa
uva (f)	องุ่น	a-ngùn
frambuesa (f)	ราสเบอร์รี่	râat-ber-rêe
grosella (f) negra	แบล็คเคอร์แรนท์	blàek khêr-raen
grosella (f) roja	เรดเคอร์แรนท	râyt-khêr-raen
grosella (f) espinosa	กูสเบอร์รี่	gòot-ber-rêe
arándano (m) agrio	แครนเบอร์รี่	khraen-ber-rêe
naranja (f)	ส้ม	sôm
mandarina (f)	ส้มแมนดาริน	sôm maen daa rin
ananás (m)	สับปะรด	sàp-bpà-rót
banana (f)	กล้วย	glúay
dátil (m)	อินทผลัม	in-thá-phâ-lam
limón (m)	เลมอน	lay-mon
albaricoque (m)	แอปริคอท	ae-bprì-khôrt
melocotón (m)	ลูกทอ	lôok thór
kiwi (m)	กีวี	gee wee
pomelo (m)	ส้มโอ	sôm oh
baya (f)	เบอร์รี่	ber-rêe

bayas (f pl)	เบอร์รี่	ber-rêe
arándano (m) rojo	คาวเบอร์รี่	khaao-ber-rêe
fresa (f) silvestre	สตรอวเบอร์รี่ป่า	sá-dtrorw ber-rêe bpàa
arándano (m)	บิลเบอร์รี่	bil-ber-rêe

97. Las flores. Las plantas

flor (f)	ดอกไม้	dòrk máai
ramo (m) de flores	ช่อดอกไม้	chôr dòrk máai
rosa (f)	ดอกกุหลาบ	dòrk gù làap
tulipán (m)	ดอกทิวลิป	dòrk thiw-líp
clavel (m)	ดอกคาร์เนชั่น	dòrk khaa-nay-chân
gladiolo (m)	ดอกแกลดิโอลัส	dòrk gaen-dì-oh-lát
aciano (m)	ดอกคอร์นฟลาวเวอร์	dòrk khon-flaao-wer
campanilla (f)	ดอกระฆัง	dòrk rá-khang
diente (m) de león	ดอกแดนดิไลออน	dòrk daen-dì-lai-on
manzanilla (f)	ดอกคาโมมายล	dòrk khaa-moh maai
áloe (m)	ว่านหางจระเข้	wâan-hăang-jor-rá-khây
cacto (m)	ตะบองเพชร	dtà-bong-phét
ficus (m)	ตนเลียบ	dtôn lîap
azucena (f)	ดอกลิลลี่	dòrk lí-lêe
geranio (m)	ดอกเจอราเนียม	dòrk jer-raa-niam
jacinto (m)	ดอกไฮอะซินท์	dòrk hai-a-sin
mimosa (f)	ดอกไมยราบ	dòrk mai râap
narciso (m)	ดอกนาร์ซิสซัส	dòrk naa-sít-sát
capuchina (f)	ดอกแนสเตอร์ชัม	dòrk nâet-dtêr-cham
orquídea (f)	ดอกกล้วยไม้	dòrk glúay máai
peonía (f)	ดอกโบตั๋น	dòrk boh-dtăn
violeta (f)	ดอกไวโอเล็ต	dòrk wai-oh-lét
trinitaria (f)	ดอกแพนซี	dòrk phaen-see
nomeolvides (f)	ดอกฟอร์เก็ตมีน็อต	dòrk for-gèt-mee-nót
margarita (f)	ดอกเดซี	dòrk day see
amapola (f)	ดอกป๊อปปี้	dòrk bpóp-bpêe
cáñamo (m)	กัญชา	gan chaa
menta (f)	สะระแหน่	sà-rá-nàe
muguete (m)	ดอกลิลลี่แห่งหุบเขา	dòrk lí-lá-lêe hàeng hùp khăo
campanilla (f) de las nieves	ดอกหยาดหิมะ	dòrk yàat hì-má
ortiga (f)	ตำแย	dtam-yae
acedera (f)	ซอร์เรล	sor-rayn
nenúfar (m)	บัว	bua
helecho (m)	เฟิร์น	fern
liquen (m)	ไลเคน	lai-khayn
invernadero (m) tropical	เรือนกระจก	reuan grà-jòk
césped (m)	สนามหญ้า	sà-năam yâa

macizo (m) de flores	สนามดอกไม้	sà-năam-dòrk-máai
planta (f)	พืช	phêut
hierba (f)	หญ้า	yâa
hoja (f) de hierba	ใบหญ้า	bai yâa

hoja (f)	ใบไม้	bai máai
pétalo (m)	กลีบดอก	glèep dòrk
tallo (m)	ลำต้น	lam dtôn
tubérculo (m)	หัวใต้ดิน	hŭa dtâi din

| retoño (m) | ต้นอ่อน | dtôn òrn |
| espina (f) | หนาม | năam |

florecer (vi)	บาน	baan
marchitarse (vr)	เหี่ยว	hìeow
olor (m)	กลิ่น	glìn
cortar (vt)	ตัด	dtàt
coger (una flor)	เด็ด	dèt

98. Los cereales, los granos

grano (m)	เมล็ด	má-lét
cereales (m pl) (plantas)	ธัญพืช	than-yá-phêut
espiga (f)	รวงข้าว	ruang khâao

trigo (m)	ข้าวสาลี	khâao săa-lee
centeno (m)	ข้าวไรย์	khâao rai
avena (f)	ข้าวโอ๊ต	khâao óht
mijo (m)	ข้าวฟ่าง	khâao fâang
cebada (f)	ข้าวบาร์เลย์	khâao baa-lây

maíz (m)	ข้าวโพด	khâao-phôht
arroz (m)	ข้าว	khâao
alforfón (m)	บัควีท	bàk-wêet

guisante (m)	ถั่วลันเตา	thùa-lan-dtao
fréjol (m)	ถั่วรูปไต	thùa rôop dtai
soya (f)	ถั่วเหลือง	thùa lĕuang
lenteja (f)	ถั่วเลนทิล	thùa layn thin
habas (f pl)	ถั่ว	thùa

LOS PAÍSES

99. Los países. Unidad 1

Afganistán (m)	ประเทศอัฟกานิสถาน	bprà-thâyt àf-gaa-nít-thăan
Albania (f)	ประเทศแอลเบเนีย	bprà-thâyt aen-bay-nia
Alemania (f)	ประเทศเยอรมนี	bprà-thâyt yer-rá-ma-nee
Arabia (f) Saudita	ประเทศ ซาอุดิอาระเบีย	bprà-thâyt saa-u-dì aa-ra--bia
Argentina (f)	ประเทศอาร์เจนตินา	bprà-thâyt aa-jayn-dtì-naa
Armenia (f)	ประเทศอาร์เมเนีย	bprà-thâyt aa-may-nia
Australia (f)	ประเทศออสเตรเลีย	bprà-thâyt òt-dtray-lia
Austria (f)	ประเทศออสเตรีย	bprà-thâyt òt-dtria
Azerbaidzhán (m)	ประเทศอาเซอร์ไบจาน	bprà-thâyt aa-sêr-bai-jaan
Bangladesh (m)	ประเทศบังคลาเทศ	bprà-thâyt bang-khlaa-thâyt
Bélgica (f)	ประเทศเบลเยียม	bprà-thâyt bayn-yiam
Bielorrusia (f)	ประเทศเบลารุส	bprà-thâyt blao-rút
Bolivia (f)	ประเทศโบลิเวีย	bprà-thâyt boh-lí-wia
Bosnia y Herzegovina	ประเทศบอสเนีย และเฮอรเซโกวินา	bprà-thâyt bòt-nia láe her-say-goh-wí-naa
Brasil (f)	ประเทศบราซิล	bprà-thâyt braa-sin
Bulgaria (f)	ประเทศบัลแกเรีย	bprà-thâyt ban-gae-ria
Camboya (f)	ประเทศกัมพูชา	bprà-thâyt gam-phoo-chaa
Canadá (f)	ประเทศแคนาดา	bprà-thâyt khae-naa-daa
Chequia (f)	ประเทศเช็กเกีย	bprà-thâyt chék-gia
Chile (m)	ประเทศชิลี	bprà-thâyt chí-lee
China (f)	ประเทศจีน	bprà-thâyt jeen
Chipre (m)	ประเทศไซปรัส	bprà-thâyt sai-bpràt
Colombia (f)	ประเทศโคลัมเบีย	bprà-thâyt khoh-lam-bia
Corea (f) del Norte	เกาหลีเหนือ	gao-lĕe nĕua
Corea (f) del Sur	เกาหลีใต้	gao-lĕe dtâi
Croacia (f)	ประเทศโครเอเชีย	bprà-thâyt khroh-ay-chia
Cuba (f)	ประเทศคิวบา	bprà-thâyt khiw-baa
Dinamarca (f)	ประเทศเดนมาร์ก	bprà-thâyt dayn-màak
Ecuador (m)	ประเทศเอกวาๅดอร์	bprà-thâyt ay-gwaa-dor
Egipto (m)	ประเทศอียิปต์	bprà-thâyt bprà-thâyt ee-yíp
Emiratos (m pl) Árabes Unidos	สหรัฐอาหรับเอมิเรตส์	sà-hà-rát aa-ràp ay-mí-râyt
Escocia (f)	ประเทศสก็อตแลนด์	bprà-thâyt sà-gòt-laen
Eslovaquia (f)	ประเทศสโลวาเกีย	bprà-thâyt sà-loh-waa-gia
Eslovenia	ประเทศสโลวีเนีย	bprà-thâyt sà-loh-wee-nia
España (f)	ประเทศสเปน	bprà-thâyt sà-bpayn
Estados Unidos de América (m pl)	สหรัฐอเมริกา	sà-hà-rát a-may-rí-gaa
Estonia (f)	ประเทศเอสโตเนีย	bprà-thâyt àyt-dtoh-nia
Finlandia (f)	ประเทศฟินแลนด์	bprà-thâyt fin-laen
Francia (f)	ประเทศฝรั่งเศส	bprà-thâyt fà-ràng-sàyt

100. Los países. Unidad 2

Georgia (f)	ประเทศจอร์เจีย	bprà-thâyt jor-jia
Ghana (f)	ประเทศกานา	bprà-thâyt gaa-naa
Gran Bretaña (f)	บริเตนใหญ่	brì-dtayn yài
Grecia (f)	ประเทศกรีซ	bprà-thâyt grèet
Haití (m)	ประเทศเฮติ	bprà-thâyt hay-dtì
Hungría (f)	ประเทศฮังการี	bprà-thâyt hang-gaa-ree
India (f)	ประเทศอินเดีย	bprà-thâyt in-dia
Indonesia (f)	ประเทศอินโดนีเซีย	bprà-thâyt in-doh-nee-sia
Inglaterra (f)	ประเทศอังกฤษ	bprà-thâyt ang-grìt
Irak (m)	ประเทศอิรัก	bprà-thâyt i-rák
Irán (m)	ประเทศอิหร่าน	bprà-thâyt i-ràan
Irlanda (f)	ประเทศไอร์แลนด์	bprà-thâyt ai-laen
Islandia (f)	ประเทศไอซ์แลนด์	bprà-thâyt ai-laen
Islas (f pl) Bahamas	ประเทศบาฮามาส	bprà-thâyt baa-haa-mâat
Israel (m)	ประเทศอิสราเอล	bprà-thâyt ìt-sà-răa-ayn
Italia (f)	ประเทศอิตาลี	bprà-thâyt i-dtaa-lee
Jamaica (f)	ประเทศจาเมกา	bprà-thâyt jaa-may-gaa
Japón (m)	ประเทศญี่ปุ่น	bprà-thâyt yêe-bpùn
Jordania (f)	ประเทศจอรแดน	bprà-thâyt jor-daen
Kazajstán (m)	ประเทศคาซัคสถาน	bprà-thâyt khaa-sák-sà-thăan
Kenia (f)	ประเทศเคนยา	bprà-thâyt khayn-yâa
Kirguizistán (m)	ประเทศ คีร์กีซสถาน	bprà-thâyt khee-gèet--à-thăan
Kuwait (m)	ประเทศคูเวต	bprà-thâyt khoo-wâyt
Laos (m)	ประเทศลาว	bprà-thâyt laao
Letonia (f)	ประเทศลัตเวีย	bprà-thâyt lát-wia
Líbano (m)	ประเทศเลบานอน	bprà-thâyt lay-baa-non
Libia (f)	ประเทศลิเบีย	bprà-thâyt lí-bia
Liechtenstein (m)	ประเทศลิกเตนสไตน์	bprà-thâyt lík-tay-ná-sà-dtai
Lituania (f)	ประเทศลิทัวเนีย	bprà-thâyt lí-thua-nia
Luxemburgo (m)	ประเทศลักเซมเบิร์ก	bprà-thâyt lák-saym-bèrk
Macedonia	ประเทศมาซิโดเนีย	bprà-thâyt maa-sí-doh-nia
Madagascar (m)	ประเทศมาดากัสการ์	bprà-thâyt maa-daa-gàt-gaa
Malasia (f)	ประเทศมาเลเซีย	bprà-thâyt maa-lay-sia
Malta (f)	ประเทศมอลตา	bprà-thâyt mon-dtaa
Marruecos (m)	ประเทศมอร็อคโค	bprà-thâyt mor-rók-khoh
Méjico (m)	ประเทศเม็กซิโก	bprà-thâyt mék-sí-goh
Moldavia (f)	ประเทศมอลโดวา	bprà-thâyt mon-doh-waa
Mónaco (m)	ประเทศโมนาโก	bprà-thâyt moh-naa-goh
Mongolia (f)	ประเทศมองโกเลีย	bprà-thâyt mong-goh-lia
Montenegro (m)	ประเทศ มอนเตเนโกร	bprà-thâyt mon-dtay-nay-groh
Myanmar (m)	ประเทศเมียนมาร์	bprà-thâyt mian-maa

101. Los países. Unidad 3

| Namibia (f) | ประเทศนามิเบีย | bprà-thâyt naa-mí-bia |
| Nepal (m) | ประเทศเนปาล | bprà-thâyt nay-bpaan |

Noruega (f)	ประเทศนอร์เวย์	bprà-thâyt nor-way
Nueva Zelanda (f)	ประเทศนิวซีแลนด์	bprà-thâyt niw-see-laen
Países Bajos (m pl)	ประเทศเนเธอร์แลนด์	bprà-thâyt nay-ther-laen
Pakistán (m)	ประเทศปากีสถาน	bprà-thâyt bpaa-gèet-thǎan
Palestina (f)	ปาเลสไตน์	bpaa-lâyt-dtai
Panamá (f)	ประเทศปานามา	bprà-thâyt bpaa-naa-maa
Paraguay (m)	ประเทศปารากวัย	bprà-thâyt bpaa-raa-gwai
Perú (m)	ประเทศเปรู	bprà-thâyt bpay-roo
Polinesia (f) Francesa	เฟรนช์โปลินีเซีย	frayn-bpoh-lí-nee-sia
Polonia (f)	ประเทศโปแลนด์	bprà-thâyt bpoh-laen
Portugal (f)	ประเทศโปรตุเกส	bprà-thâyt bproh-dtù-gàyt
República (f) Dominicana	สาธารณรัฐ โดมินิกัน	sǎa-thaa-rá-ná rát doh-mí-ní-gan
República (f) Sudafricana	ประเทศแอฟริกาใต้	bprà-thâyt àef-rí-gaa dtâi
Rumania (f)	ประเทศโรมาเนีย	bprà-thâyt roh-maa-nia
Rusia (f)	ประเทศรัสเซีย	bprà-thâyt rát-sia
Senegal	ประเทศเซเนกัล	bprà-thâyt say-nay-gan
Serbia (f)	ประเทศเซอร์เบีย	bprà-thâyt sêr-bia
Siria (f)	ประเทศซีเรีย	bprà-thâyt see-ria
Suecia (f)	ประเทศสวีเดน	bprà-thâyt sà-wěe-dayn
Suiza (f)	ประเทศสวิตเซอร์แลนด์	bprà-thâyt sà-wìt-sêr-laen
Surinam (m)	ประเทศซูรินาม	bprà-thâyt soo-rí-naam
Tayikistán (m)	ประเทศทาจิกิสถาน	bprà-thâyt thaa-jì-gìt-thǎan
Tailandia (f)	ประเทศไทย	bprà-tâyt thai
Taiwán (m)	ไต้หวัน	dtâi-wǎn
Tanzania (f)	ประเทศแทนซาเนีย	bprà-thâyt thaen-saa-nia
Tasmania (f)	ประเทศแทสเมเนีย	bprà-thâyt thâet-may-nia
Túnez (m)	ประเทศตูนิเซีย	bprà-thâyt dtoo-ní-sia
Turkmenia (f)	ประเทศ เติร์กเมนิสถาน	bprà-thâyt dtèrk-may-nít-thǎan
Turquía (f)	ประเทศตุรกี	bprà-thâyt dtù-rá-gee
Ucrania (f)	ประเทศยูเครน	bprà-thâyt yoo-khrayn
Uruguay (m)	ประเทศอุรุกวัย	bprà-thâyt u-rúk-wai
Uzbekistán (m)	ประเทศอุซเบกิสถาน	bprà-thâyt ùt-bay-gìt-thǎan
Vaticano (m)	นครรัฐวาติกัน	ná-khon rát waa-dtì-gan
Venezuela (f)	ประเทศเวเนซุเอลา	bprà-thâyt way-nay-sú-ay-laa
Vietnam (m)	ประเทศเวียดนาม	bprà-thâyt wîat-naam
Zanzíbar (m)	ประเทศแซนซิบาร์	bprà-thâyt saen-sí-baa

www.ingramcontent.com/pod-product-compliance
Lightning Source LLC
Chambersburg PA
CBHW070825050426
42452CB00011B/2185

TAILANDÉS
VOCABULARIO

ESPAÑOL-
TAILANDÉS

Las palabras más útiles
Para expandir su vocabulario y refinar
sus habilidades lingüísticas

3000 palabras

Vocabulario Español-Tailandés - 3000 palabras más usadas
por Andrey Taranov

Los vocabularios de T&P Books buscan ayudar en el aprendizaje, la memorización y la revisión de palabras de idiomas extranjeros. El diccionario se divide por temas, cubriendo toda la esfera de las actividades cotidianas, de negocios, ciencias, cultura, etc.

El proceso de aprendizaje de palabras utilizando los diccionarios temáticos de T&P Books le proporcionará a usted las siguientes ventajas:

- La información del idioma secundario está organizada claramente y predetermina el éxito para las etapas subsiguientes en la memorización de palabras.
- Las palabras derivadas de la misma raíz se agrupan, lo cual permite la memorización de grupos de palabras en vez de palabras aisladas.
- Las unidades pequeñas de palabras facilitan el proceso de reconocimiento de enlaces de asociación que se necesitan para la cohesión del vocabulario.
- De este modo, se puede estimar el número de palabras aprendidas y así también el nivel de conocimiento del idioma.

T&P Books Publishing
www.tpbooks.com

ISBN: 978-1-78767-243-7

Este libro está disponible en formato electrónico o de E-Book también.
Visite www.tpbooks.com o las librerías electrónicas más destacadas en la Red.